*Dicionário de música*

# FUNDAÇÃO EDITORA DA UNESP

*Presidente do Conselho Curador*
Mário Sérgio Vasconcelos

*Diretor-Presidente*
Jézio Hernani Bomfim Gutierre

*Superintendente Administrativo e Financeiro*
William de Souza Agostinho

*Conselho Editorial Acadêmico*
Danilo Rothberg
Luis Fernando Ayerbe
Marcelo Takeshi Yamashita
Maria Cristina Pereira Lima
Milton Terumitsu Sogabe
Newton La Scala Júnior
Pedro Angelo Pagni
Renata Junqueira de Souza
Sandra Aparecida Ferreira
Valéria dos Santos Guimarães

*Editores-Adjuntos*
Anderson Nobara
Leandro Rodrigues

JEAN-JACQUES ROUSSEAU

*Dicionário de música*
*(Seleção de verbetes)*

Seleção, tradução, apresentação e notas
Fabio Stieltjes Yasoshima

Posfácio
Pedro Paulo Pimenta

© 2021 Editora Unesp

Título original: *Dictionnaire de musique*

Direitos de publicação reservados à:

Fundação Editora da Unesp (FEU)
Praça da Sé, 108
01001-900 – São Paulo – SP
Tel.: (0xx11) 3242-7171
Fax: (0xx11) 3242-7172
www.editoraunesp.com.br
www.livrariaunesp.com.br
atendimento.editora@unesp.br

Dados Internacionais de Catalogação na Publicação (CIP) de acordo com ISBD
Elaborado por Vagner Rodolfo da Silva – CRB-8/9410

---

R864d
  Rousseau, Jean-Jacques
    Dicionário de música / Jean-Jacques Rousseau; seleção, tradução, apresentação e notas por Fabio Stieltjes Yasoshima. – São Paulo: Editora Unesp, 2021.

    Tradução de: *Dictionnaire de musique*
    Inclui bibliografia.
    ISBN: 978-65-5711-023-2

    1. Dicionário.  2. Música.  3. Jean-Jacques Rousseau.  I. Yasoshima, Fabio Stieltjes.  II. Título.

2021-524                               CDD 780.3
                                       CDU 78(038)

---

Editora afiliada:

# Sumário

Apresentação – Um léxico musical apaixonado . 7
*Fabio Stieltjes Yasoshima*

**Dicionário de música, por J.-J. Rousseau**

Prefácio . *39*
Dicionário de música . *49*
ACENTO . *49*
ACENTOS . *54*
ÁRIA . *54*
BAIXO . *58*
BAIXO FUNDAMENTAL . *59*
BARROCO . *67*
CACOFONIA . *67*
CANÇÃO . *67*
CANTAR . *75*
CANTO . *76*
CASTRATO . *78*

COMPOSITOR . *79*

CORO . *81*

CORPO SONORO . *82*

EFEITO . *83*

ESTILO . *83*

FESTA . *85*

GÊNIO . *86*

GOSTO . *87*

HARMONIA . *89*

IMITAÇÃO . *98*

IMITAÇÃO . *100*

LICENÇA . *100*

MELODIA . *101*

MELOPEIA . *103*

MELOS . *105*

MÚSICA . *106*

MÚSICO . *125*

ÓPERA . *126*

RUÍDO . *145*

SOM . *147*

UNIDADE DE MELODIA . *161*

VOZ . *166*

Anexo – Pranchas do *Dicionário de música*
de Rousseau . *177*

Posfácio – Rousseau e a música, ou a tessitura
das paixões . *185*
*Pedro Paulo Pimenta*

# Apresentação
## Um léxico musical apaixonado

Além de escritor e filósofo, Jean-Jacques Rousseau (1712-1778) foi também um melômano e compositor diletante. Qual seria, portanto, o lugar da música no pensamento desse filósofo plurivalente? Os escritos musicais de Rousseau não receberam a devida atenção antes da sua "reavaliação", na década de 1960, por comentadores da envergadura de Claude Lévi-Strauss e Jacques Derrida.[1] Desde então, a partir das leituras de estudiosos no exterior e no Brasil (com destaque para as reflexões de Bento Prado Jr.,[2] mas sem esquecer os esforços de outros pesquisadores nos campos da musicologia e da filosofia), os escritos de Rousseau sobre a música têm sido objeto de estudos acadêmicos e traduções que acentuam suas significativas contribuições em debates estéticos do século das Luzes

---

1 Ver O'Dea, Rousseau contre Rameau: musique et nature dans les articles pour l'*Encyclopédie* et au-delà. *Recherches sur Diderot et sur l'Encyclopédie*, v.17, n.1, 1994, p.133.

2 Ver Prado Jr., *A retórica de Rousseau — e outros ensaios.*

e buscam apontar para a unidade entre o pensamento musical, moral e político desse *filósofo-músico* de Genebra.

Ainda em sua juventude, Rousseau inicia seu aprendizado "informal" da música, "praticando-a em pequenos concertos privados, ensinando-a a bonitas alunas da alta sociedade".[3] Além da experiência como professor de música e instrumentista autodidata,[4] Rousseau também se dedicou, mais tarde, à atividade de copista,[5] com o intuito de "assegurar sua independência financeira"; e, ainda que essa atividade não tenha sido suficiente para lhe proporcionar a segurança que almejara, certo é que Rousseau nela esteve tão engajado que, "entre 1770 e 1777, ele copiou 11.200 páginas".[6]

Antes mesmo que a atividade de escritor viesse a "iluminar" seu caminho,[7] o desejo de converter-se em músico logo manifestou seus signos na biografia do jovem Rousseau, imprimindo-lhe rumos tão espinhosos que um estudioso de sua

---

3 Ver Boutilié; Bouttier-Couqueberg, *Jean-Jacques Rousseau – analyse de l'œuvre*, p.62.

4 Sabe-se que Rousseau tocava flauta, violino e espineta. Espécie de cravo portátil ou redução do cravo, a espineta foi muito usada como instrumento doméstico na Itália, Inglaterra, França e Alemanha, do século XVI ao XVIII. Ver Sadie (Ed.). *Dicionário Grove de Música – edição concisa*, p.303.

5 Ver Gagnebin, *Les écrits sur la musique, la langue et le théâtre*. In: Rousseau, *Œuvres complètes*. t.V, p.XIII.

6 Ver Boutilié; Bouttier-Couqueberg, op. cit., p.62.

7 Trata-se do episódio conhecido como a "iluminação de Vincennes", que teria lhe inspirado a redação do *Discurso sobre as ciências e as artes*, composto entre 1749 e 1750. Relatado mais de uma vez pelo filósofo genebrino, esse episódio encontra-se, por exemplo, no Livro VIII de suas *Confissões*. Ver Rousseau, *Œuvres complètes*, t.I. *Œuvres autobiographiques*, p.475.

*Dicionário de música*

obra chegaria mesmo a sugerir que ele só se tornara escritor "a despeito de não ter conseguido um lugar no mundo musical".[8] Contudo, o pensamento de Rousseau sobre a música possui particular relevância, pois "precede e, frequentemente, prepara as posições filosóficas e sociais de seu autor"; aspecto por vezes negligenciado no estudo de sua obra devido a duas razões: "a formação técnica de Rousseau, essencialmente autodidata, [que] permaneceu incompleta", e as características de sua produção como compositor, "pouco abundante em quantidade e desigual em qualidade".[9]

As ambições musicais de Rousseau levaram-no às primeiras experiências como compositor. Antes, porém, de aventurar-se nesse domínio, sentira um enorme desgosto, quando da apresentação, na Academia de Ciências de Paris, de seu *Projet concernant de nouveaux signes pour la musique* ("Projeto concernente a novos sinais para a música").[10] Recém-chegado a Paris, em 1742, Rousseau intentava simplificar a notação musical até então utilizada, assim facilitando o ensino da música. Em resposta à apresentação do "Projeto", os eruditos da Academia ofereceram um relatório "benevolente, mas crítico".[11] Enfim, a história relativa a esse empreendimento termina com o "fracasso acadêmico" de Rousseau e a publicação, no jornal *Mercure de France*, de sua *Dissertation sur la musique moderne* ("Dissertação sobre a música moderna"),[12] de 1743, na qual se esforçou, a

---

8  Ver Rochat, Rousseau et la musique. In: Despot, *Une heure avec Rousseau*, p.32.

9  Ibidem, loc. cit.

10  Ver Rousseau, *Œuvres complètes*, t.V, p.129-54.

11  Ver Badinter, *As paixões intelectuais — Desejo de glória* (1735-1751), p.159.

12  Ver Rousseau, *Œuvres complètes*. t.V, p.155-245.

um só tempo, em expor as linhas gerais do "Projeto" de maneira mais acessível ao leitor comum e refutar as críticas dos eruditos da Academia, entre os quais se encontrava o mais importante teórico da música do século das Luzes, qual seja, Jean-Philippe Rameau (1683-1764).

Até pelo menos os seus 40 anos, Rousseau nutriu abertamente o desejo de seguir carreira musical. Em diversas passagens de seus escritos autobiográficos,[13] o *músico-filósofo* de Genebra deixa entrever sua ambição de tornar-se célebre no campo da música, quer fosse na Academia de Ciências, quer fosse nos palcos da Ópera de Paris (com seu *intermezzo*[14] intitulado *Le Devin du village* – "O Adivinho da aldeia" –, encenado em 1752,[15] durante a famosa *Querela dos Bufões*).[16]

---

13 Ver, por exemplo, Rousseau, *Confissões*, p.346.

14 Espetáculo musical acompanhado de dança que geralmente se inseria entre os atos de um espetáculo maior, sem relação necessária com este último. Tal gênero (os chamados *intermezzi* ou *intermedi*) remonta ao Renascimento italiano. Ver Sadie (Ed.), op. cit., p.459.

15 Segundo Gagnebin e Raymond, a primeira apresentação do "Adivinho" ocorreu no dia 18 de outubro de 1752 [em Fontainebleau, no teatro da corte de Luís XV]. Ver Gagnebin; Raymond, Notes e variantes. In: Rousseau, *Œuvres complètes*. t.I. p.1443, n.4. Ver também Jambou (Ed.). *Dictionnaire chronologique de l'Opéra – de 1597 à nos jours*, p.71.

16 A "Querela dos Bufões" configurou-se a partir da chegada a Paris, em agosto de 1752, de uma companhia italiana de ópera bufa, liderada pelo compositor Eustachio Bambini (1697-1770), e da posterior formação de dois partidos opostos, a saber: o partido da rainha, o qual se posicionou em defesa da companhia estrangeira (a favor, portanto, da ópera italiana), e o partido cujo representante mais ilustre foi sem dúvida Rameau, o chamado partido do rei, que, por sua vez, defendia a ópera nacional, i.e., a música francesa.

*Dicionário de música*

Contudo, ainda que seu talento de compositor tenha sido enfim reconhecido, como bem observa Rochat, "esse sucesso será efêmero"; de modo que, até esse momento, Rousseau só parece ter acumulado "dissabores e fracassos".[17] François Jacob sugere mesmo que os três primeiros fracassos da vida de Jean-Jacques teriam ocorrido no âmbito musical:[18] o chamado "concerto de Lausanne"[19] e os dois episódios que envolveram "ataques" públicos de Rameau, quais sejam, a apresentação de seu novo projeto de notação musical e a primeira audição de seu balé intitulado *Les Muses galantes* ("As musas galantes"). Todavia, se Rousseau não conseguiu levar a termo todo o conjunto de suas pretensões musicais – sobretudo como compositor, apesar do sucesso do *Adivinho* –, é inegável que seu pensamento musical tenha contribuído sobremodo para açular os debates estéticos de seu tempo e que seus esforços teóricos como musicógrafo tenham perdurado até o seu derradeiro suspiro, dado que o *Dicionário de música* foi sua última obra de peso sobre estética musical publicada em vida.

---

Junto com boa parte dos enciclopedistas, Rousseau tomou o partido da música italiana, ocupando assim um lugar privilegiado entre as vozes exaltadas daqueles que defendiam a trupe dos Bufões. O debate chegou ao seu ponto culminante quando da publicação da *Carta sobre a música francesa*, escrita por Rousseau em 1752 – embora tenha aparecido somente em 1753 –, na qual o filósofo genebrino desqualifica a tradição musical da França de maneira bastante incisiva.

17 Ver Rochat, op. cit., p.32.

18 Ver Jacob, De la musique avant toute chose. In: Mirodatos (Dir.), *Jean-Jacques Rousseau: le sentiment et la pensée*, p.67.

19 Trata-se do fracasso retumbante de sua apresentação musical na casa do sr. de Treytorens, professor de direito e amante de música, relatado no Livro IV das *Confissões*. Ver Rousseau, *Confissões*, p.153-4.

*Jean-Jacques Rousseau*

Mas o que queremos dizer quando falamos do "pensamento musical" de Rousseau? Afinal, qual é a importância ou o alcance da reflexão desse *filósofo-músico* acerca de questões que, a princípio, poderíamos julgar estritamente musicais (por exemplo, "se a melodia deriva da harmonia")?[20] E, ainda, qual é a relevância — para além do valor em certo sentido anedótico — do seu antagonismo a um músico da estirpe de Rameau, compositor e teórico que se tornaria célebre por ambas as atividades (e que, por essa razão, seria reconhecido como *artiste philosophe*[21])? Afinal, quais foram as raízes e os desdobramentos do entrevero que Rousseau procurou estender até a publicação de seu dicionário musical, em 1768, mesmo após a morte de seu rival, e fez-se notar em muitos de seus escritos (direta ou indiretamente relacionados à música)?

Nos *Diálogos de Rousseau juiz de Jean-Jacques* (precisamente no Segundo Diálogo), encontramos a seguinte afirmação, vinda da boca da "personagem" Rousseau: "J.J. nascera para a música; não para se arriscar na execução, mas para acelerar seus progressos e fazer descobertas. Suas ideias na arte e sobre a arte são

---

20 Rousseau aponta para esse problema na entrada "Melodia" que ele escreve para a *Enciclopédia*, mesmo que seja apenas para remeter o leitor a outro verbete ("Fundamental"), escrito por d'Alembert. Ver Diderot; d'Alembert, *Enciclopédia, ou Dicionário razoado das ciências, das artes e dos ofícios*. Volume 5: Sociedade e artes, p.349.

21 Como se sabe, é desse modo lisonjeiro que d'Alembert se refere a Rameau, no *Discurso preliminar* (1751) da *Enciclopédia*, empreendimento editorial cuja direção foi assumida por Diderot e d'Alembert, e contou com a colaboração de Rousseau, Voltaire, Jaucourt, entre outros. Ver Diderot; d'Alembert, *Enciclopédia, ou Dicionário razoado das ciências, das artes e dos ofícios*. Volume 1: *Discurso preliminar* e outros textos, p.203.

fecundas, inexauríveis".[22] Nesse sentido, poderíamos colocar a seguinte questão: essas "ideias fecundas" de Rousseau sobre a arte dos sons, seu pensamento musical, teriam naturalmente germinado sem o tempestuoso diálogo que nosso filósofo manteve com a profícua obra teórica de Rameau? Com efeito, pode-se muito bem argumentar a favor da tese de que, sem exaurir a vasta obra desse *artista filósofo* que tanto combateu, Rousseau encontrou ideias extraordinariamente férteis – que, sem dúvida, favoreceram o desenvolvimento de seus próprios princípios – ao esquadrinhar os escritos de Rameau (como o *Tratado de harmonia*[23]); escritos esses que nunca deixaram de ser uma referência incontornável para o autor da maior parte dos verbetes sobre música da *Enciclopédia*,[24] a partir dos quais, cerca de três anos após a redação desses verbetes, começaria a trabalhar em seu *Dicionário*, cuja composição iria ocupá-lo durante pouco mais de uma década.

Ou nosso filósofo genebrino não passaria de um inveterado amante da música, um simples amador fervorosamente decidido a lançar-se nos mais acalorados debates musicais de sua época, como a "Querela dos Bufões" e as inflamadas discussões com Rameau? Para este último, que se revelaria um dos grandes balizadores do pensamento ocidental sobre a música, não há

---

22 Ver Rousseau, *Dialogues de Rousseau juge de Jean-Jacques – suivis de Le Lévite d'Éphraïm*, p.294.

23 Ver Rameau, *Traité de l'Harmonie réduite à ses principes naturels*, 1992.

24 Uma porção substancial dos verbetes de Rousseau sobre a música encontra-se no volume 5 da edição brasileira da *Enciclopédia*. Ver Diderot; d'Alembert, *Enciclopédia, ou Dicionário razoado das ciências, das artes e dos ofícios*. Volume 5: Sociedade e artes.

dúvida de que é a harmonia que compreende a melodia, como uma de suas partes, e não o contrário. Assim, a ressonância do corpo sonoro é o fenômeno no qual a harmonia encontra seu fundamento e sua justificação teórica, além de ser objetivamente considerado como parte da natureza, dado que não pode ser separado de todo fenômeno sonoro, incluindo a voz humana.

Para contrapor-se ao princípio universalista da harmonia, Rousseau irá buscar a origem da música na matéria humana do canto, "espécie de modificação da voz humana, por meio da qual se formam sons variados e apreciáveis".[25] Bem entendido, é o modelo melódico e, sobretudo, o modelo vocal que o filósofo genebrino privilegia. Se essa dissensão parte da oposição entre a anterioridade da melodia em relação à harmonia, esse "litígio fundamental" assenta-se, em certo sentido, na "interpretação da origem da música".[26] Outrossim, a espinhosa questão da preeminência da melodia sobre a harmonia[27] encontra-se profundamente arraigada na noção de imitação musical. Ora, não é verdade que música e linguagem estão intimamente ligadas às nossas paixões, uma vez que, para Rousseau, o canto melodioso, justamente, procura imitá-las por meio de acentuadas inflexões? Ora, para compreender de que modo ele conjuga

---

25 Verbete "Canto" do *Dicionário de música* de Rousseau.
26 Ver Rochat, op. cit., p.36.
27 Referida em alguns dos verbetes de seu *Dicionário de música* (tais como: "Compositor", "Harmonia", "Imitação", "Melodia", "Unidade de melodia", entre outros), a tese da preeminência da melodia sobre a harmonia foi mais amplamente desenvolvida por Rousseau nos textos intitulados *Do Princípio da melodia, Exame de dois princípios avançados pelo sr. Rameau,* e no *Ensaio sobre a origem das línguas.*

*Dicionário de música*

tais noções, faz-se mister conhecer não somente o seu célebre *Ensaio sobre a origem das línguas*,[28] mas também seu robusto *Dicionário de música*, no qual se encontra uma profusão de verbetes que podem auxiliar a decifrar essa trama de conceitos.

## Da *Enciclopédia* ao *Dicionário de música*

A escolha de um colaborador capaz de elaborar os verbetes sobre música da *Enciclopédia* teve em vista, primeiramente, a figura de Rameau, mas o excesso de trabalho e problemas de saúde — bem como as divergências com d'Alembert sobre os fundamentos das ciências[29] — terminaram por dificultar a tarefa,[30] a qual logo foi assumida por Rousseau. No verbete sobre a história dos "Dicionários e enciclopédias de música" do *New Grove Dictionary of Music and Musicians*, lê-se que, após Rameau "ter-se recusado a redigir os verbetes musicais, os editores [da *Enciclopédia*] pediram ajuda a um amigo íntimo, o eloquente Jean-Jacques Rousseau, o qual aceitou. Ainda que ele tenha se aborrecido com o fato de que dispunha de pouco

---

28 *Ensaio sobre a origem das línguas em que se fala da melodia e da imitação musical.* Rousseau, *Escritos sobre a Política e as Artes*, organizado por Pedro Paulo Pimenta.

29 Debate que se inicia por volta de 1749, ainda no período da elaboração da *Enciclopédia*, e estende-se até a morte do compositor, em 1764.

30 O leitor interessado em inteirar-se do convite que Rameau recebera de Diderot, provavelmente em 1747, para redigir os verbetes da *Encyclopédie*, e da recusa do compositor dijonês, poderá consultar com proveito a obra robustamente documentada de Sylvie Bouissou. Ver Bouissou, *Jean-Philippe Rameau — Musicien des Lumières*, p.961 ss.

tempo para preparar suas contribuições, finalmente apresentou cerca de quatrocentos tópicos".[31]

Nesse ponto, vale ressaltar a familiaridade de Rousseau com este instrumento muito caro a certos *philosophes* da Ilustração, qual seja, o dicionário. É o que afirma Franklin de Mattos, logo no início de seu artigo intitulado "Rousseau em dicionário":

> Jean-Jacques Rousseau, como boa parte dos filósofos da Ilustração, conhecia muito bem o verbete de dicionário enquanto forma de expressão literária e filosófica. Como se sabe, escreveu para a *Encyclopédie* não só o famoso artigo "Economia política", mas também [...] tópicos sobre música, e desse material compôs, anos mais tarde, um *Dicionário de música*.[32]

Além da familiaridade de Rousseau com a forma dicionário, de modo geral, deve-se salientar, mais especificamente, o

---

31 Ver Coover, *Dictionaries and encyclopedias of music*. In: Sadie (Ed.). *The New Grove Dictionary of Music and Musicians*, t.5, p.437. Quanto ao número preciso de verbetes assinados por Rousseau na *Enciclopédia*, vale citar a observação de Michael O'Dea, segundo a qual "graças ao meticuloso trabalho de Alain Cernuschi, doravante sabemos que a *Enciclopédia* contém 383 verbetes que levam a assinatura de Rousseau, 43 verbetes não assinados, dos quais ele é certamente o autor, e 11 verbetes que, na íntergra ou em parte, poderiam ser dele." Ver O'Dea, Consonances et dissonances: Rousseau et d'Alembert face à l'œuvre théorique de Jean-Philippe Rameau. *Recherches sur Diderot et sur l'Encyclopédie*, n.35, 2003, p.106, n.6. Ver também Cernuschi, *Penser la musique dans l'Encyclopédie – Études sur les enjeux de la musicographie des Lumières et sur ses liens avec l'encyclopédisme*, p.707 ss. (anexo 8).

32 Ver Matos, *O filósofo e o comediante – Ensaios sobre literatura e filosofia na Ilustração*, p.159.

*Dicionário de música*

seu profundo conhecimento da linhagem dos dicionários e das enciclopédias de música, como atestam as fontes consultadas para a elaboração de seu *Dicionário*. Nesse sentido, também merece destaque o pioneirismo da *Enciclopédia* no tocante ao estatuto concedido à música, uma vez que, depois do século XVI, segundo o registro do *New Grove Dictionary*, os "compiladores de enciclopédias gerais" preocupavam-se mais com as ciências — sobretudo as ciências naturais — do que com o chamado Quadrivium; e nessas obras, portanto, "a música não recuperou o lugar que se poderia pensar que lhe fosse de pleno direito até o fim do século XVIII, notavelmente com a publicação da *Encyclopédie* (1751-80) de Diderot e d'Alembert e da *Cyclopaedia* (1802) de Rees".[33]

A colaboração de Rousseau no projeto da *Enciclopédia* foi tão importante como breve e turbulenta. De fato, conforme François Moureau, "poucos foram fiéis a eles [enciclopedistas] até o fim do empreendimento. O caso mais célebre é evidentemente o de Rousseau, que, após ter fornecido [...] verbetes de música e o famoso verbete *Economia política*, indispôs-se totalmente com o mundo enciclopédico a propósito do verbete *Genebra*, do tomo VII".[34]

Com efeito, a crítica de Rousseau dirigida aos enciclopedistas e "à mania dos dicionários"[35] encontra-se não só no contexto da polêmica em torno do verbete "Genebra" (escrito por d'Alembert), mas também em seu já mencionado *Dis-*

---

33 Ver Coover, op. cit., p.433.
34 Ver Moureau, *Le roman vrai de l'Encyclopédie*, p.64-5.
35 A expressão é usada por Rousseau no primeiro parágrafo do prefácio de seu *Dicionário de música*.

*curso*, obra que lhe rendeu o prêmio da Academia de Dijon. A esse respeito, Franklin de Mattos observou precisamente que, "apesar de ter escrito tantos verbetes, no *Discurso sobre as ciências e as artes* Rousseau expressou (contradição tipicamente sua) fortes reservas a respeito do próprio ideal ilustrado de divulgação do saber, ao qual estava ligada, como se sabe, a voga dos dicionários".[36]

De fato, o próprio Rousseau, no prefácio de seu *Dicionário*, deixa entrever a contradição de que fala Matos:

> A música é, de todas as belas-artes, a que tem o vocabulário mais extenso e para a qual um dicionário é, consequentemente, o que há de mais útil. Assim, não se deve incluí-lo no rol das compilações ridículas que a moda, ou melhor, a mania dos dicionários, multiplica a cada dia. Se este livro é bem-feito, ele é útil aos artistas. Se ele é ruim, não o é pela escolha do assunto nem pela forma da obra. Assim, seria um erro rejeitá-lo já pelo título. É preciso lê-lo para julgá-lo.[37]

Cumpre lembrar, ainda, que os verbetes publicados nos seis primeiros volumes da *Enciclopédia* não escaparam à impiedosa crítica de Rameau, o preterido colaborador do empreendimento dirigido por d'Alembert e Diderot. De fato, em 1755 e 1756, o ilustre autor do *Tratado de harmonia* (1722) mandou imprimir dois pequenos volumes intitulados "Erros sobre a música na *Enciclopédia*" e "Sequência dos erros sobre a músi-

---

36 Ver Matos, op. cit., p.159.
37 Ver prefácio do *Dicionário de música*.

## Dicionário de música

ca na *Enciclopédia*",[38] nos quais, sob a máscara do anonimato, desferiu pesados golpes contra os verbetes de Rousseau. Eis o que Rousseau, em um fragmento autobiográfico, escreve acerca desses ataques:

> Entre todos esses libelos, surgiram algumas brochuras que os inimigos de um célebre artista ousaram atribuir-lhe: uma, entre outras, que continha algumas verdades cujo título começava por estas palavras *Erreurs sur la musique*. O autor (sem dúvida, um farsista de mau gosto) nela criticava com bastante malignidade a obscuridade dos escritos desse grande músico. Censurava-me, como um crime, por eu me fazer entender, dava-me essa clareza como prova de minha ignorância e, como prova de grande saber do sr. Rameau, dava seus raciocínios tenebrosos, tanto mais úteis, segundo o autor, por serem compreendidos por um menor número de pessoas. Donde se conclui que o filósofo [d'Alembert] que se dignou dar a conhecer o sistema tão sabiamente escondido nos escritos do sr. Rameau não expõe menor ignorância em seus luminosos elementos de música do que eu em meus artigos da *Encyclopédie*. Seguindo essa máxima, pode-se dizer que o autor da brochura ultrapassa em saber o próprio sr. Rameau e Rabelais em habilidade, pela mais ininteligível algaravia já produzida por uma cabeça mal conformada. Todavia nele são apresentadas algumas questões interessantes

---

38 *Erreurs sur la musique dans l'Encyclopédie* (1755) e *Suite des erreurs sur la musique dans l'Encyclopédie* (1756). Vale lembrar que, de acordo com Catherine Kintzler, "essas duas obras se inscrevem na querela de Rameau com d'Alembert, a qual prosseguiu até a morte do músico, em 1764 [...]". Ver Kintzler, Erreurs sur la musique dans l'Encyclopédie. In: Beaussant, *Rameau de A à Z*, p.135. Ver também Trousson; Eigeldinger. (Dir.) *Dictionnaire de Jean-Jacques Rousseau*, p.785.

como esta, por exemplo: *se a melodia nasce da harmonia*, e esta outra, *se o acompanhamento deve representar o corpo sonoro*. São questões que, mais bem tratadas, pareceriam anunciar ideias a que terei ocasião de examinar em meu *Dictionnaire de musique*.[39]

# Da elaboração do *Dicionário de música*

A elaboração do *Dicionário* deu-se a partir do material remanejado dos verbetes sobre música da *Enciclopédia*. A indicação, nesse caso, é do próprio Rousseau: "Magoado por causa da imperfeição de meus artigos, à medida que os volumes da *Enciclopédia* apareciam, resolvi reformular o todo em meu rascunho e fazer, a meu bel-prazer, uma obra à parte, tratada com mais cuidado".[40] Uma vez mais, o mesmo aborrecimento e a mesma insatisfação que, no caso dos verbetes para a *Enciclopédia*, levaram Rousseau a se queixar do fato de que não dispunha de muito tempo para elaborar suas contribuições, também se fizeram notar durante a composição do *Dicionário*:

> Há quinze anos, os fundamentos desta obra foram lançados tão às pressas, na *Enciclopédia*, que, quando quis corrigi-la, não pude lhe conferir a solidez que teria se eu tivesse disposto de mais tempo para melhor assimilar seu plano e para executá-lo.[41]

Certo é que, entre 1753 e 1764, Rousseau faz um sem-número de correções e acréscimos aos verbetes que entregara para

---

39 Rousseau, *Textos autobiográficos & outros escritos*, p.68-70.
40 Ver prefácio do *Dicionário de música*.
41 Ver *Dicionário de música*, prefácio.

*Dicionário de música*

a *Enciclopédia*, e reúne então essas novas entradas em seu *Dicionário*. Nesse ponto, é preciso lembrar a opinião dos autores[42] que primeiro estabeleceram o texto do *Dictionnaire de musique* de Rousseau (*O.C.*, t.V, Pléiade, 1995) e de José Luis de la Fuente Charfolé, segundo a qual, como bem lembra este último, é possível reconhecer, "nas variantes existentes dos verbetes da *Enciclopédia* em relação aos do *Dicionário*, mudanças profundas na evolução do pensamento musical de Rousseau (de 1749 a 1764)"[43] que estão "longe de ser puramente estilísticas".[44] Tal opinião vai ao encontro da asserção de Didier, segundo a qual "o dicionário, retomado, aumentado, transformado, permite o diálogo consigo mesmo; ele é o gênero por excelência que se presta aos retoques, ao remorso, aos acréscimos".[45]

Ainda sobre a composição do *Dicionário*, e sobre a relevância desse trabalho no contexto mais amplo da obra de Rousseau, deve-se admitir, apesar das ressalvas do autor, a observação segundo a qual,

> Desde o início, o próprio Rousseau reconheceu falhas em muitos dos verbetes, e estes alimentaram seu desejo de preparar um

---

42 Jean-Jacques Eigeldinger, com a colaboração de Samuel Baud-Bovy, Brenno Boccadoro e Xavier Bouvier.

43 Ver Fuente Charfolé, El Diccionario de música de Jean-Jacques Rousseau: causas y propósitos. In: *Revista de la Escuela Universitaria de Magisterio de Albacete, Ensayos*, n.17, p.63.

44 Ver Rousseau, *Dictionnaire de musique*. In: *Œuvres complètes*. t.V. Paris: Gallimard, 1995, p.1739.

45 Ver Didier, *Alphabet et raison: Le paradoxe des dictionnaires au XVIII<sup>e</sup> siècle*, p.39.

dicionário terminológico à parte. Esse *Dictionnaire* foi completado em 1764 e publicado em 1768. Foi o último de seus principais escritos sobre música, um resumo de todos os seus pensamentos, e para um homem que foi considerado como um amador sob muitos aspectos, e, com muita dificuldade, um compositor de sucesso, esse foi um trabalho notável. [46]

É no *Dicionário* que Rousseau se distancia dos excessos que cometera anteriormente no contexto acalorado dos debates que configuraram a *Querela dos Bufões*. É o que afirma Bardez, em sua leitura do *Dicionário*: "Depois de ter tomado suas distâncias – no 'Dicionário', precisamente – em relação aos seus excessos de outrora, Rousseau eleva o debate [...]". [47]

## Da publicação e da recepção
### do *Dicionário de música*

A proposta editorial do *Dicionário* contou com a figura da viúva Duchesne, a qual se mostrou, ao que parece, bastante sensível aos "imperativos de ordem financeira" que teriam impulsionado Rousseau no sentido de considerar tanto a publicação desse livro como "a possibilidade de uma edição geral de suas obras". [48] Contudo, cabe aqui lembrar que, no artigo intitulado "El Diccionario de música de Jean-Jacques Rousseau: causas y propósitos", de Fuente Charfolé, encontra-se

---

46  Ver Coover, op. cit., p.437.
47  Ver Bardez, *La gamme d'amour de J.-J. Rousseau*, p.112.
48  Ver Eigeldinger, Introduction – *Dictionnaire de musique*. In: Rousseau, *Œuvres complètes*. t.V, CCLXXVIII.

uma discussão pormenorizada sobre os referidos imperativos de caráter financeiro, os quais teriam supostamente determinado tanto a composição como a publicação do *Dicionário* de Rousseau. Com efeito, no referido artigo, Charfolé sustenta que "os autênticos motivos [da elaboração e da publicação do *Dicionário*] não coincidem com as análises tradicionais dos estudiosos, que condicionam a publicação do *Dicionário* à necessidade de subsistência do autor e com esta a confundem [...]"; e conclui, portanto, que

> [...] a publicação do *Dicionário de música* não pode nem deve ser considerada como efeito de um ato de salvaguarda da suposta "precariedade" econômico-alimentícia de Rousseau. As carências e omissões do texto tampouco podem ser imputadas a uma execução apressada, acarreada por esse constrangimento. Pelo contrário, deve-se considerar como causa certa a necessidade vital de restabelecimento de uma reputação musical, injusta, sistemática e deliberadamente afrontada: os incessantes ataques de incompetência, os manifestos de plágio produzidos mesmo antes que fosse estreado o *Adivinho* na corte de Paris, haviam forçado o mecanismo impulsor do autor a retomar os verbetes enciclopédicos como fundamento inicial do iminente e ameaçador "lexicocrassus". O *Dicionário* seria a arma de choque com a qual Jean-Jacques travaria sua última batalha musical [...][49]

No que se refere ao término da obra e eventuais correções, Jean-Jacques Eigeldinger, colaborador do volume dedicado aos

---

49 Ver Fuente Charfolé, op. cit., p.70-1.

"Escritos sobre a música, a língua e o teatro" das *Obras completas* de J.-J. Rousseau, aponta o seguinte:

> A tarefa é anunciada como concluída em novembro de 1764 [...] à exceção do prefácio, que será datado posteriormente: "A Motiers-Travers le 20 décembre 1764" [...] no final de algumas modificações tardias. O *Dicionário de música* sairá da prensa da viúva Duchesne somente em novembro de 1767:[50] Rameau estava morto havia mais de três anos.[51]

Sobre a publicação do *Dicionário* que, como se sabe, foi a última obra impressa durante a vida de Rousseau, ainda segundo Eigeldinger, admite-se que "os primeiros exemplares do autor foram entregues para Rousseau em outubro de 1767 [...] e o *Dicionário de música* in-quarto saiu enfim da prensa da viúva Duchesne em novembro de 1767, datado[52] de 1768".[53]

Quanto à recepção do *Dicionário*, tanto pelos contemporâneos de Rousseau como pela posteridade, sabe-se que, pouco tempo depois da morte do filósofo, começam a surgir dicionários e enciclopédias musicais com uma frequência cada vez maior.[54] Pode-se pensar, com efeito, que o fato de que o *Dicionário* de Rousseau tenha se tornado "uma fonte básica para

---

50 Era costume datar do ano seguinte as obras publicadas no último trimestre de um ano qualquer, daí a referência a 1768 como ano de publicação do *Dicionário*.

51 Ver Eigeldinger, Introduction..., CCLXXVIII.

52 Era costume datar do ano seguinte as obras publicadas no último trimestre de um ano qualquer.

53 Ver Eigeldinger, Introduction..., CCLXXXV.

54 Ver Coover, op. cit., p.437.

*Dicionário de música*

os compiladores subsequentes"[55] contribuiu muito nesse sentido.[56] Com efeito, o próprio Rousseau já havia previsto esse fato no prefácio de seu *Dicionário*:

> Não acreditei, no entanto, que o estado de imperfeição em que fui forçado a deixar esta obra devesse impedir-me de publicá-la; pois, sendo útil à arte, é infinitamente mais fácil fazer um bom livro desta espécie a partir deste que ofereço do que ter de começar a criar tudo. Os conhecimentos necessários para isso talvez não sejam muito grandes, mas são muito variados e raramente encontram-se reunidos na mesma cabeça. Assim, minhas compilações podem poupar muito trabalho àqueles que estão em condição de nelas colocar a ordem necessária; e alguém, apontando meus erros, pode fazer um excelente livro, mas jamais teria feito nada de bom sem o meu.[57]

Ainda sobre a recepção do *Dicionário*, é preciso apontar para as suas imitações, que, como se sabe, não foram poucas. Segundo Julien Tiersot, "os romances de Jean-Jacques Rousseau gozaram de longa popularidade, a qual foi muito merecida, ao passo que os artigos de seu *Dicionário de música* foram durante muito tempo pilhados e plagiados por um bando de parasitas que fazia questão de caluniar a um só tempo a obra e o autor".[58]

---

55 Ibidem, loc. cit.

56 Esse também parece ser o juízo de Harold E. Samuel, segundo o qual o *Dictionnaire de musique* de Rousseau "influenciou muitos lexicógrafos posteriores". Ver Samuel, Dictionaries and encyclopedias. In: Randel (Ed.). *The New Harvard Dictionary of Music*, p.227.

57 Ver prefácio do *Dicionário de música* de Rousseau.

58 Ver Tiersot, *Jean-Jacques Rousseau*, p.3. José Luis de la Fuente Charfolé identificou um importante exemplo das "pilhagens de verbe-

*Jean-Jacques Rousseau*

# Contribuições do *Dicionário* de Rousseau ao cenário musical de seu tempo e para além dele

Como bem observou James B. Coover, diferentemente de "uma lista alfabética de palavras difíceis com definições no molde clássico", o *Dicionário* de Rousseau pode ser caracterizado como uma série de "tópicos a partir dos quais Rousseau [...] foi levado a escrever longos e profundos ensaios". Ainda segundo Coover, "embora a estética e a natureza da música interessassem Rousseau bem mais do que simples definições de termos denotativos, muitos dos seus tópicos eram novos para os dicionários de música (por exemplo, aqueles concernentes às músicas folclórica e étnica, inclusive a música do índio americano), e muitos eram acompanhados por transcrições de música".[59]

O "ineditismo" do pensamento musical de Rousseau consiste, segundo Fubini, no fato de o *filósofo-músico* genebrino ter

---

tes" mencionadas por J. Tiersot e outros autores, como Catherine Kintzler. Na introdução à sua tradução espanhola do *Dicionário*, Charfolé faz um acurado balanço sobre a presença de Rousseau "na lexicografia espanhola do século XIX", tendo em vista, sobretudo, o *Diccionario técnico de la música* (1899), de Felipe Pedrell (1841-1922), compositor catalão que ministrou aulas ao célebre Manuel de Falla (1876-1946). No primeiro apêndice da referida introdução de Fuente Charfolé, há uma curiosa relação de verbetes do *Diccionario* de F. Pedrell que apresentam "textos extraídos total ou parcialmente do *Dictionnaire de musique* de Rousseau, sem nenhuma referência à fonte". Ver Fuente Charfolé, Introducción. In: Rousseau, *Diccionario de música*, 2007, p.18 ss. Ver também Kintzler, Jean-Jacques Rousseau. In: Beaussant, op. cit., p.293.

59 Ver Coover, op. cit., p.437.

*Dicionário de música*

conseguido desenvolver, de forma pertinente, o "conceito de música como linguagem dos sentimentos, e de ter elaborado uma teoria sobre a origem da linguagem que justificasse e fundamentasse tal conceito. Pela primeira vez, a polêmica entre a música italiana e a francesa não é mais apenas uma questão de gosto, de preferência pessoal, mas encontra no pensamento de Rousseau uma séria justificação teórica e filosófica".[60]

Pierre Saby chega mesmo a situar Rousseau "entre dois classicismos", uma vez que:

> [...] Por um lado, ele é um dos artífices da ruptura com certos aspectos do pensamento estético clássico francês, como indicou Catherine Kintzler: a arte e o pensamento musical de Rameau, termo de uma trajetória iniciada no séc. XVII sobre as bases da filosofia cartesiana, essa arte e esse pensamento a um só tempo sensualistas (a música é vibração e se dirige ao corpo) e intelectualistas (a arte e a ciência têm um mesmo objeto: revelar a natureza profunda do mundo; a arte é uma atividade do espírito e a ele se dirige em sua totalidade); essa arte e esse pensamento lhe são estranhos, lhe repugnam, lhe são insuportáveis. Por outro lado, ele participa, é claro, da corrente das Luzes que então se desenvolve, notadamente por meio da revisão das noções de natureza e de natural que opera, no sentido da clareza, da simplicidade, e por sua recusa do artifício e da sobrecarga, ou pelo menos do que julga como tal. No entanto, observaremos que sua vontade de "curto--circuitar" o papel da razão na arte em proveito de uma sensibilidade um pouco problemática (o que é, onde está sua sede...), e

---

60 Ver Fubini, *L'Estetica musicale dal settecento a oggi*, p.54-5.

## Jean-Jacques Rousseau

de se dirigir eventualmente a certo "espontaneísmo" da expressão (ver o que ele diz sobre o "gênio", por exemplo, no artigo "Compositor" do Dicionário), finalmente não está muito de acordo com a componente racionalista do pensamento das Luzes [...].[61]

Jean-Michel Bardez, em uma passagem de sua leitura do Dicionário, aponta de forma bastante sucinta e conclusiva a relevância e o objetivo geral do último escrito sobre a música publicado em vida de Rousseau: "o Dicionário permanece verdadeiramente a parte mais interessante da contribuição estética de Rousseau, aquela que o caracteriza mais exatamente – pois o faz mais diversamente. Na linhagem das compilações enciclopédicas, o Dicionário é endereçado a músicos que refletem longamente em suas técnicas, seu material e nas finalidades de sua arte".[62]

Poucos anos depois da publicação do Dicionário de Rousseau, começaram a surgir traduções parciais ou integrais[63] dessa

---

61 Ver Saby, Jean-Jacques Rousseau et la musique de son temps. In: Saby (Dir.), *Rousseau et la musique, Jean-Jacques et l'Opéra. Actes du colloque sur* Le Devin du village – *15 avril 2003 – et autres études*, p.11.

62 Ver Bardez, op. cit., p.111.

63 Além das traduções parciais de John T. Scott [ver *Essay on the Origin of Languages and Writings related to Music*. In: Collected Writings of Rousseau. t.VII, 1998, p.366-485] e de Fernando Bollino [ver *J.-J. Rousseau, Scritti sulle arti*. Bologna: Clueb, 1998, p.253-66], há pelo menos outras duas – igualmente parciais – que costumam figurar nos estudos sobre o *Dicionário de música* de Rousseau, quais sejam, a versão inglesa de Burney – para o quadragésimo quinto volume da *Rees's Cyclopaedia* (1802-20) – e a versão alemã de Dorothea Gülke e Peter Gülke [ver *Musik und Sprache. Ausgewählte Schriften, übersetzt von Dorothea Gülke und Peter Gülke*, Heinrichshofen: Wilhelmshaven, 1984]. Há também uma versão integral do *Dicionário de música* de Rousseau para o inglês. Trata-se da clássica e muito criticada tradu-

*Dicionário de música*

monumental obra que, muito embora tenha sido duramente criticada por certos teóricos, lexicógrafos e historiadores da música, permanece como uma referência basilar, não só no âmbito da tradição da lexicografia musical, mas, o que lhe confere uma importância ímpar, no da reflexão filosófica sobre a música no século XVIII.

Atualmente, o *Dicionário de música* apresenta-se, tanto para o filósofo quanto para o musicólogo, ou, ainda, para o músico afeito à reflexão, como uma fonte de inestimável originalidade e riqueza – legado de um dos pensadores de maior destaque no século das Luzes e para além dele, que conseguiu reunir conhecimentos bastante variados, tais como os que o leitor encontrará na presente seleção de verbetes dessa obra que, como se sabe, foi um dos principais escritos de Rousseau sobre essa arte para a qual julgava ter nascido e pela qual confessou ter alimentado "excessiva paixão".[64]

*Fabio Stieltjes Yasoshima*

## Nota sobre a presente tradução

Para realizar a presente tradução parcial do *Dictionnaire de musique* de Jean-Jacques Rousseau foram utilizados o texto

---

ção de William Waring [ver *A Complete Dictionary of Music...*, London, J. Murray, 1771]. Atualmente, os leitores de língua espanhola dispõem da primorosa tradução de José Luis de la Fuente Charfolé do texto integral do *Dicionário* [ver Rousseau, *Diccionario de música*]. Ver também Coover, op. cit., p.437.

64 Ver Rousseau, *Carta sobre a música francesa*, p.7.

estabelecido e apresentado por Jean-Jacques Eigeldinger[65] (com a colaboração de Samuel Baud-Bovy, Brenno Boccadoro e Xavier Bouvier) e a mais recente edição do *Dictionnaire*, sob a direção de Raymond Trousson e Frédéric S. Eigeldinger[66] (edição anotada por Amalia Collisani, Brenno Boccadoro e Samuel Baud-Bovy), bem como a edição fac-similada[67] de Claude Dauphin e, sobretudo, sua edição crítica[68] (com a qual colaboraram cinco professores da Universidade Lumière Lyon 2, a saber: Daniel Paquette, Michael O'Dea, Nathan Martin, Pierre Saby e Yves Jaffrès). Foram consultadas, também, as já referidas traduções parciais de John T. Scott e de Fernando Bollino, para o inglês e para o italiano, respectivamente, assim como a também já citada tradução espanhola (texto na íntegra) de José Luis de la Fuente Charfolé. No que concerne à seleção dos verbetes, optou-se pela escolha de entradas representativas dos "grandes temas discursivos" que, de acordo com Claude Dauphin, "atravessam" o *Dicionário* de Rousseau, quais sejam, "*a*) a preeminência da melodia sobre a harmonia; *b*) a rivalidade Rousseau-Rameau; *c*) a crítica da estética francesa; *d*) o elogio da música italiana; *e*) a música grega antiga; *f*) a teoria da imitação".[69] Ademais, o

---

65 Ver Rousseau, *Dictionnaire de musique*. In: *Œuvres complètes*. t.V, p.603-1191.

66 Ver Rousseau, *Œuvres complètes*. Sous la direction de Raymond Trousson et Frédéric S. Eigeldinger. t.XIII. Dictionnaire de musique.

67 Ver Dauphin (Ed.), *Dictionnaire de musique de Jean-Jacques Rousseau: Fac-similé de l'édition de 1768*.

68 Ver Dauphin (Ed.), *Le Dictionnaire de musique de Jean-Jacques Rousseau: une édition critique*.

69 Ver Dauphin, Le Dictionnaire de musique de Rousseau et les planches de lutherie de l'Encyclopédie de Diderot: penser et montrer

*Dicionário de música*

aparelho crítico – no *Dicionário* não há nenhuma nota de seu autor – foi elaborado a partir da leitura das obras de Rousseau e de seus comentadores (ver bibliografia). Entre as notas de rodapé, há aquelas que se referem a outras obras de Rousseau, as quais podem elucidar a compreensão do seu *Dicionário*; há também indicações biográficas, que podem ser úteis ao leitor pouco familiarizado, por exemplo, com a História da Música; e, por fim, o leitor encontrará notas sobre terminologia musical, as quais, por vezes, apresentam definições de termos musicais que remetem a verbetes do *Dicionário* de Rousseau que não foram incluídos nesta tradução.

## Referências bibliográficas

ARISTÓTELES. *Política*. Tradução, introdução e notas de Mário da Gama Kury. Brasília: Editora UnB, 1997.

BADINTER, Elisabeth. *As paixões intelectuais* – Desejo de glória (1735-1751). Trad. Clóvis Marques. Rio de Janeiro: Civilização Brasileira, 2007.

BARDEZ, J.-M. *La gamme d'amour de J.-J. Rousseau*. Genève-Paris: Slatkine, 1980.

BATTEUX, Charles. *As belas-artes reduzidas a um mesmo princípio*. Trad. Natalia Maruyama, Adriano Ribeiro; revisão de Victor Knoll; apresentação e notas de Marco Aurélio Werle. São Paulo: Humanitas/ Imprensa Oficial do Estado, 2009.

BEAUSSANT, Philippe. *Rameau de A à Z*. Paris: Fayard/IMDA, 1983.

BENOIT, Marcelle (Dir.). *Dictionnaire de la musique en France aux XVII<sup>e</sup> et XVIII<sup>e</sup> siècles*. Paris: Arthème Fayard, 1992.

---

le musical au temps des Lumières. In: Dauphin (Ed.), *Dictionnaire de musique de Jean-Jacques Rousseau: Fac-similé de l'édition de 1768*, XII.

BOUISSOU, Sylvie. *Jean-Philippe Rameau* – Musicien des Lumières. Paris: Fayard, 2014.

BOUTILIÉ, M.-D.; BOUTTIER-COUQUEBERG, C. *Jean-Jacques Rousseau* – analyse de l'œuvre. Paris: Pocket, 2004.

BROMBERG, Carla. *Vincenzo Galilei contra o número sonoro*. São Paulo: Educ/Livraria da Física Editorial: Fapesp, 2011.

BROSSARD, Sébastien de. *Dictionnaire de musique* (ca.1708). Amsterdam: Estienne Roger. Fac-similé. Genève/Paris: Minkoff, 1992.

CERNUSCHI, Alain. *Penser la musique dans l'Encyclopédie* – Études sur les enjeux de la musicographie des Lumières et sur ses liens avec l'encyclopédisme. Paris: Honoré Champion, 2000.

DIDEROT, Denis. *Enciclopédia, ou Dicionário razoado das ciências, das artes e dos ofícios*. Volume 1: *Discurso preliminar* e outros textos / Denis Diderot, Jean le Rond d'Alembert; organização Pedro Paulo Pimenta, Maria das Graças de Souza; tradução Fúlvia Moretto e Maria das Graças de Souza. 1.ed. São Paulo: Editora Unesp, 2015.

_____. *Enciclopédia, ou Dicionário razoado das ciências, das artes e dos ofícios*. Volume 5: Sociedade e artes / Denis Diderot, Jean le Rond d'Alembert; organização Pedro Paulo Pimenta, Maria das Graças de Souza; tradução Maria das Graças de Souza... [et al.]. 1.ed. São Paulo: Editora Unesp, 2015.

DIDIER, Béatrice. *Alphabet et raison*: Le paradoxe des dictionnaires au XVIIIᵉ siècle. Paris: PUF, 1996.

DOURADO, Henrique Autran. *Dicionário de termos e expressões da música*. São Paulo: Editora 34, 2004.

FUBINI, Enrico. *L'Estetica musicale dal settecento a oggi*. Torino: Giulio Einaudi, 1987.

FUENTE CHARFOLÉ, José Luis de la. El Diccionario de música de Jean-Jacques Rousseau: causas y propósitos. In: *Revista de la Escuela Universitaria de Magisterio de Albacete, Ensayos*, n.17, p.59-71.

JACOB, François. De la musique avant toute chose. In: MIRODATOS, Yves (Dir.). *Jean-Jacques Rousseau*: le sentiment et la pensée. Grenoble: Éditions Glénat, 2012, p.63-71.

## Dicionário de música

JAMBOU, Louis (Ed.). *Dictionnaire chronologique de l'Opéra* – de 1597 à nos jours. Trad. Sophie Gherardi. Paris: Le Livre de Poche/Ramsay, 1994.

LUCRÉCIO. *Da natureza das coisas*. Trad. Agostinho da Silva. São Paulo: Abril Cultural, 1980.

MARQUES, Henrique de Oliveira. *Dicionário de termos musicais*. Lisboa: Referência/Editorial Estampa, 1996.

MATOS, Luiz Fernando B. Franklin de. *O filósofo e o comediante* – Ensaios sobre literatura e filosofia na Ilustração. Prefácio de Bento Prado Júnior. Belo Horizonte: Editora UFMG, 2001.

MOUREAU, François. *Le roman vrai de l'Encyclopédie*. Paris: Gallimard, 1990.

O'DEA, Michael. Rousseau contre Rameau: musique et nature dans les articles pour l'*Encyclopédie* et au-delà. In: *Recherches sur Diderot et sur l'Encyclopédie*, v.17, n.1, 1994, p.133-48.

_____. Consonances et dissonances: Rousseau et d'Alembert face à l'œuvre théorique de Jean-Philippe Rameau. *Recherches sur Diderot et sur l'Encyclopédie*, n.35, 2003, p.105-30.

PLATÃO. *A República* – ou sobre a justiça, diálogo político. Trad. Anna Lia Amaral de Almeida Prado. Revisão técnica e introdução Roberto Bolzani Filho. São Paulo: Martins Fontes, 2006.

PRADO JR., Bento. *A retórica de Rousseau* – e outros ensaios. Organização e apresentação de Franklin de Mattos. São Paulo: Editora Unesp, 2018.

RAMEAU, Jean-Philippe. *Traité de l'Harmonie réduite à ses principes naturels*. Genève: Slatkine Reprints, 1992.

_____. *Intégrale de l'Œuvre Théorique* – Traités, Méthodes, Préfaces, Polémiques et Correspondances. 3 vols. Édition de Bertrand Porot et Jean Saint-Arroman. Bressuire: Éditions Fuzeau Classique, 2008.

RANDEL, Don Michael (Ed.). *The New Harvard Dictionary of Music*. Cambridge: Harvard University Press, 1996.

REINACH, Théodore. *A música grega*. Trad. Newton Cunha. São Paulo: Perspectiva, 2011.

RIBEIRO JÚNIOR, Wilson Alves (Ed.). *Hinos Homéricos* – tradução, notas e estudo. São Paulo: Editora Unesp, 2010.

ROCHAT, Jean-Blaise. Rousseau et la musique. In: DESPOT, Slobodan. *Une heure avec Rousseau*. Vevey: Éditions Xenia, 2012.

ROUSSEAU, Jean-Jacques. *A Complete Dictionary of Music*. Translated by William Waring. London: J. Murray, 1771.

_____. *Œuvres complètes*. t.I. Paris: Gallimard, 1959.

_____. *Musik und Sprache*. Ausgewählte Schriften, übersetzt von Dorothea Gülke und Peter Gülke, Heinrichshofen: Wilhelmshaven, 1984.

_____. *Œuvres complètes*. t.V. Paris: Gallimard, 1995.

_____. *Dictionnaire de musique*. Texte établi et présenté par Jean-Jacques Eigeldinger, avec la collaboration de Samuel Baud-Bovy, Brenno Boccadoro e Xavier Bouvier. In: *Œuvres complètes*. t.V. Paris: Gallimard, 1995, p.603-1191.

_____. Essay on the Origin of Languages and Writings related to Music. In: SCOTT, John T. (Ed.). *Collected Writings of Rousseau*. t.VII. Hanover: University Press of New England, 1998.

_____. *J.-J. Rousseau, Scritti sulle arti* – a cura di Fernando Bollino. Bologna: Clueb, 1998.

_____. *Dialogues de Rousseau juge de Jean-Jacques* – suivis de Le Lévite d'Éphraïm. Paris: Garnier-Flammarion, 1999.

_____. *Carta sobre a música francesa*. Tradução e notas José Oscar de Almeida Marques e Daniela de Fátima Garcia. Campinas: IFCH--Unicamp, 2005.

_____. *Dictionnaire de musique de Jean-Jacques Rousseau*: Fac-similé de l'édition de 1768. Ed. por Claude Dauphin. Paris: Actes Sud, 2007.

_____. *Diccionario de música*. Trad. José Luis de la Fuente Charfolé. Madrid: Akal, 2007.

_____. *Dictionnaire de musique*. In: DAUPHIN, Claude (Ed.). *Le Dictionnaire de musique de Jean-Jacques Rousseau*: une édition critique. Bern: Peter Lang, 2008.

_____. *Confissões*. Trad. Rachel de Queiroz (livros I a X) e José Benedicto Pinto (livros XI e XII). São Paulo: Edipro, 2008.

ROUSSEAU, Jean-Jacques. *Textos autobiográficos & outros escritos*. Tradução, introdução e notas de Fúlvia M. L. Moretto. São Paulo: Unesp, 2009.

_____. *Œuvres complètes*. Sous la direction de Raymond Trousson et Frédéric S. Eigeldinger. t.I. *Œuvres autobiographiques*. Genève/Paris: Slatkine/Champion, 2012.

_____. *Œuvres complètes*. Sous la direction de Raymond Trousson et Frédéric S. Eigeldinger. t. XIII. *Dictionnaire de musique*. Genève/Paris: Slatkine/Champion, 2012.

_____. *Escritos sobre a política e as artes*. Organizado por Pedro Paulo Pimenta. Trad. Pedro Paulo Pimenta... [et al.] São Paulo: Ubu Editora / Editora UnB, 2020.

SABY, P. (Dir.). *Rousseau et la musique, Jean-Jacques et l'Opéra*. Actes du colloque sur *Le Devin du village* – 15 avril 2003 – et autres études. Lyon: Édition du Département de musicologie de l'Université Lumière Lyon 2, 2006.

SADIE, Stanley (Ed.). *The New Grove Dictionary of Music and Musicians*. 20 vols. London: Macmillan Publishers Limited, 1980.

_____. *Dicionário Grove de Música* – edição concisa. Trad. Eduardo Francisco Alves. Rio de Janeiro: Jorge Zahar, 1994.

STAROBINSKI, Jean. *Jean-Jacques Rousseau*: a transparência e o obstáculo; seguido de Sete ensaios sobre Rousseau. Trad. Maria Lúcia Machado. São Paulo: Companhia das Letras, 2011.

TIERSOT, Julien. *Jean-Jacques Rousseau*. Paris: Librairie Félix Alcan, 1920.

TROUSSON, Raymond; EIGELDINGER, Frédéric S. (Dir.). *Dictionnaire de Jean-Jacques Rousseau*. Paris: Honoré Champion, 2006.

ZWILLING, Carin. *To the Muses*: Nine Galliards by Vincenzo Galilei. *Lute Society of America Quarterly (LSA)*, v.42, n.2, p. 20-34, 2007.

# Dicionário de música,
## *por J.-J. Rousseau*

*Ut psallendi materiem discerent*[1]

Martianus Capella

---

1 "A fim de discernir os fundamentos do canto e da execução instrumental." Capella, *De nuptiis Philologiæ et Mercurii* ("Das núpcias entre Filologia e Mercúrio", edição de Meibomius, Amsterdam, 1652), Livro IX, "De Musica".

# DICTIONNAIRE

DE

## MUSIQUE,

Par J. J. ROUSSEAU.

Ut psallendi materiem discerent. Martian. Cap.

A PARIS,

Chez la Veuve DUCHESNE, Libraire, rue Saint Jacques, au Temple du Goût.

M. DCC. LXVIII.
Avec Approbation & Privilége du Roi

Página de rosto da primeira edição do *Dicionário de música* de J.-J. Rousseau (Veuve Duchesne, 1768).

# Prefácio

A música é, de todas as belas-artes, a que tem o vocabulário mais extenso e para a qual um dicionário é, consequentemente, o que há de mais útil. Assim, não se deve incluí-lo no rol das compilações ridículas que a moda, ou melhor, a mania dos dicionários, multiplica a cada dia. Se este livro é bem-feito, ele é útil aos artistas. Se ele é ruim, não o é pela escolha do assunto nem pela forma da obra. Assim, seria um erro rejeitá-lo já pelo título. É preciso lê-lo para julgá-lo.

A utilidade do assunto não fundamenta, hei de convir, a do livro; ela apenas justifica o seu empreendimento, e isso é tudo o que posso pretender. Eu bem sinto, aliás, o que falta à sua execução. Trata-se menos de um dicionário quanto à forma que de uma compilação de materiais para um dicionário, os quais apenas aguardam mãos hábeis para seu emprego. Há quinze anos, os fundamentos desta obra foram lançados tão às pressas, na *Enciclopédia*, que, quando quis corrigi-la, não pude lhe conferir a solidez que teria se eu tivesse disposto de mais tempo para melhor assimilar seu plano e para executá-lo.

Não concebi esta empresa por mim mesmo, ela me foi proposta; acrescentou-se o fato de que o manuscrito inteiro da *Enciclopédia* devia estar completo antes que uma só linha fosse impressa; deram-me apenas três meses para cumprir minha tarefa, e três anos seriam suficientes somente para ler, extrair, comparar e compilar os autores de que necessitava: mas o zelo da amizade cegou-me quanto à impossibilidade do sucesso. Fiel à minha palavra, à custa de minha reputação, executei rápido e mal, não podendo fazer bem em tão pouco tempo; no fim de três meses, meu manuscrito inteiro foi escrito, passado a limpo e entregue; desde então, não o revi mais. Se eu tivesse trabalhado volume por volume, como os outros, este ensaio, mais bem elaborado, poderia ter permanecido no estado em que fora feito. Não me arrependo de ter sido correto; mas me arrependo de ter sido temerário e de ter prometido mais do que podia executar.

Magoado por causa da imperfeição de meus artigos, à medida que os volumes da *Enciclopédia* apareciam, resolvi reformular o todo em meu rascunho e fazer, a meu bel-prazer, uma obra à parte, tratada com mais cuidado. Estava, ao recomeçar este trabalho, ao alcance de todos os recursos necessários. Vivendo no meio dos artistas e entre os homens de letras, podia consultar tanto uns como os outros. O sr. Abade Sallier[1] fornecia-

---

1 Trata-se do abade Claude Sallier (1685-1761), filólogo e brilhante acadêmico que, em 1721, possuía a guarda dos manuscritos da Biblioteca Real. De acordo com Claude Dauphin, Sallier colaborou sobremaneira na "interpretação dos teóricos da música da Antiguidade" feita por Rousseau, dado que o filósofo genebrino "não conhecia o grego". Ver Claude Dauphin (Ed.). *Le Dictionnaire de musique de Jean-Jacques Rousseau*: une édition critique. Bern: Peter Lang, 2008, p.861.

*Dicionário de música*

-me, da biblioteca do Rei, os livros e manuscritos de que eu necessitava, e, dos nossos encontros, muitas vezes tirava esclarecimentos mais seguros que os de minhas pesquisas. Creio dever à memória desse honesto e sábio homem um tributo de reconhecimento que, seguramente, partilharão comigo todos os homens de letras aos quais ele pôde servir.

Meu retiro no campo esgotou todos os meus recursos, no momento em que começava a desfrutá-lo. Este não é o lugar de explicar as razões do meu retiro: concebe-se que, no meu modo de pensar, a esperança de fazer um bom livro sobre a música não era uma razão para recolher-me. Afastado dos divertimentos da cidade, logo perdi os gostos a eles relacionados; privado das comunicações que poderiam me esclarecer sobre meu antigo objeto, deste também perdi todas as perspectivas; e, admitindo que nesse tempo a arte ou sua teoria tenham feito progressos, não estando nem mesmo ao alcance de nada disso saber, não estive mais em condições de acompanhá-los. Convencido, no entanto, da utilidade do trabalho que havia empreendido, nele trabalhava de tempos em tempos, mas sempre com menos sucesso e sempre sentindo que as dificuldades de um livro dessa espécie exigem, para vencê-las, esclarecimentos que eu não estava mais em condições de adquirir, e um ardor de interesse que eu havia cessado de lhe dedicar. Enfim, desesperançoso de jamais estar em condições de melhor fazer e desejando abandonar para sempre as ideias das quais meu espírito se afasta cada vez mais, ocupei-me, nestas montanhas, em reunir o que eu havia feito em Paris e em Montmorenci; e, deste amontoado indigesto, resultou a espécie de dicionário que se vê aqui.

Este histórico pareceu-me necessário para explicar como as circunstâncias forçaram-me a entregar, em condição tão ruim, um livro que eu poderia ter feito melhor, com os recursos dos quais sou privado. Pois sempre acreditei que o respeito que se deve ao público não é o de lhe dizer coisas insípidas, mas apenas o que é verdadeiro e útil ou pelo menos o que julgamos como tal; de nada lhe apresentar sem ter dispensado todos os cuidados de que se é capaz e de acreditar que, fazendo o seu melhor, nunca se faz o bastante para ele.

Não acreditei, no entanto, que o estado de imperfeição em que fui forçado a deixar esta obra devesse impedir-me de publicá-la; pois, sendo útil à arte, é infinitamente mais fácil fazer um bom livro desta espécie a partir deste que ofereço do que ter de começar a criar tudo. Os conhecimentos necessários para isso talvez não sejam muito grandes, mas são muito variados e raramente encontram-se reunidos na mesma cabeça. Assim, minhas compilações podem poupar muito trabalho àqueles que estão em condição de nelas colocar a ordem necessária; e alguém, apontando meus erros, pode fazer um excelente livro, mas jamais teria feito nada de bom sem o meu.

Advirto, então, àqueles que somente querem tolerar livros bem-feitos, que não empreendam a leitura deste; logo se sentirão enjoados. Mas, àqueles que o mal não desvia do bem; aqueles que não são tão ocupados pelos erros, que nada exigem para redimi-los; aqueles, enfim, que terão boa vontade em buscar aqui algo para compensar os meus, talvez encontrem aqui bastantes bons verbetes para tolerar os maus, e até nos maus, bastantes observações novas e verdadeiras, para que valham a pena de ser triadas e escolhidas em meio ao resto. Os músicos leem pouco, e, no entanto, conheço poucas Artes em relação às quais a leitura e a reflexão sejam tão necessárias. Pensei que uma obra com esta forma seria precisamente a que lhes conviria, e que, para torná-la mais proveitosa possível para eles,

*Dicionário de música*

dever-se-ia dizer menos o que sabem do que aquilo que teriam a necessidade de aprender.

Se os executantes inexpertos[2] e os musicastros[3] muitas vezes ressaltam erros aqui, espero que os verdadeiros artistas e os homens de gênio encontrem pontos de vista úteis, dos quais saberão tirar proveito. Os melhores livros são aqueles que o vulgo despreza e que as pessoas de talento aproveitam sem deles nada dizer.

Após ter exposto as razões da mediocridade da obra e as da utilidade que estimo que ela pode ter, neste momento deveria entrar no detalhe da própria obra, apresentando um resumo do plano que tracei para mim e a maneira por meio da qual tentei segui-lo. Mas, à medida que as ideias a ela relacionadas apagaram-se do meu espírito, o plano sobre o qual as arranjava da mesma maneira apagou-se da minha memória. Meu primeiro projeto era tratar os verbetes de maneira tão comparativa, de ligar tão bem as sequências, por meio de remissões, que, com a comodidade de um dicionário, o todo teria a vantagem

---

2 "Manobra [manœuvre]. *fig.* Um homem que executa grosseiramente e por rotina uma obra de arte." (Littré, 1959).

3 Nessa passagem, Rousseau alude aos *croque-notes* ou *croque-sols*, ou àqueles que nada mais fazem que musiquear, i.e., aos "músicos ineptos que, versados na combinação das notas e em condições de executar à primeira vista as mais difíceis composições, quanto ao mais executam sem sentimento, sem expressão, sem gosto". Verbete "Musicastro ou Salta-notas" [*Croque-note ou Croque-sol*] do *Dicionário de música* de Rousseau. Jacques Voisine, em sua edição anotada das *Confissões* de Rousseau, observa que, no século XVIII, *croque-notes* se diz comumente "de um bom executante sem méritos como músico". Cf. Jacques Voisine, Note. In: J.-J. Rousseau, *Les Confessions*. Paris: Garnier Frères, 1964, p.166, n.2.

de um tratado fluente. Mas, para executar este projeto, teria sido necessário que se me tornassem constantemente presentes todas as partes da Arte, não deixando de tratar nenhuma sem me lembrar das outras; o que a falta de recursos e meu gosto arrefecido logo tornaram impossível, e que também me teria custado bastante realizar em meio às minhas primeiras anotações, e ainda pleno de meu primeiro fervor. Abandonado a mim mesmo, não tendo mais eruditos nem livros para consultar; consequentemente forçado a tratar cada verbete por si mesmo e sem considerar aqueles que lhe diziam respeito, tive de fazer muitas repetições para evitar lacunas. Mas acreditei que, num livro desta espécie, era ainda um mal menor cometer falhas que arriscar omissões.

Empenhei-me, sobretudo, em tornar bem completo o vocabulário, e não somente sem omitir algum termo técnico, mas preferindo, às vezes, ultrapassar os limites da Arte a não atingir meus objetivos: muitas vezes, tal fato obrigou-me a espargir palavras italianas e palavras gregas neste dicionário; algumas tão consagradas pelo uso que é preciso mesmo compreendê-las na prática; outras igualmente adotadas pelos eruditos e às quais, considerando o desuso daquilo que exprimem, não foram fornecidos sinônimos em francês. No entanto, tentei me limitar à minha regra e evitar o excesso de Brossard,[4] que,

---

4 Mencionado em dezessete verbetes do *Dicionário de música* de Rousseau, Sébastien de Brossard (1655-1730) foi compositor e também autor de um *Dicionário de música* (1703) que, segundo Claude Dauphin, "continua sendo a única séria referência lexicográfica em música, na França, antes da publicação daquele de Rousseau". Cf. C. Dauphin, op. cit., p.820.

# Dicionário de música

ao apresentar um dicionário francês, concebe o seu vocabulário todo italiano e o enche de palavras absolutamente estranhas à Arte de que trata. Pois, quem jamais imaginaria que *a virgem, os apóstolos, a missa, os mortos*, sejam termos de música, pelo fato de haver músicas relativas àquilo que exprimem; que estas outras palavras: *página, folheto, quatro, cinco, garganta, razão, já* sejam também termos técnicos, porque nos servimos deles algumas vezes ao falarmos sobre arte?

Quanto às partes que concernem à arte sem que lhe sejam essenciais, e que não são absolutamente necessárias à compreensão do resto, evitei o quanto pude abordá-las. Tal como a dos instrumentos de música, parte ampla e que sozinha preencheria um dicionário, sobretudo em relação aos instrumentos dos antigos. O sr. Diderot[5] havia se encarregado dessa parte na *Enciclopédia*, e como ela não fazia parte do meu primeiro projeto, não cuidei de acrescentá-la em seguida, depois de ter intensamente sentido a dificuldade de executar este projeto tal como ele era.

Tratei a parte harmônica no sistema do baixo fundamental, embora este sistema, em tantos aspectos imperfeito e defeituoso, não seja absolutamente, a meu ver, aquele da natureza e da verdade, e do qual resulta um estofo surdo e confuso, antes que uma boa harmonia. Mas é um sistema, enfim; é o primeiro e era o único até o do sr. Tartini,[6] no qual se haviam unido, por

---

5 Diderot é citado por Rousseau em seis verbetes do *Dicionário de música*, quais sejam, "Cronômetro", "Improvisar", "Instrumento", "Som", "Som fixo" e "Tom".

6 Natural de Pirano (hoje pertencente ao território esloveno), Giuseppe Tartini (1692-1770), violinista, autor de um *Trattato di musica*

meio de princípios, essas multidões de regras isoladas que pareciam todas arbitrárias e que faziam da arte harmônica antes um estudo de memória que de raciocínio. Ainda que, na minha opinião, o sistema do sr. Tartini seja o melhor, embora ainda não tão amplamente conhecido e sem possuir, pelo menos na França, a mesma autoridade que o do sr. Rameau, não lhe coube substituí-lo em um livro destinado principalmente à nação francesa. Contentei-me, então, em expor da melhor maneira possível os princípios desse sistema em um verbete de meu dicionário; e, de resto, acreditei dever essa deferência à nação para a qual escrevia, ao preferir seu sentimento ao meu a respeito do fundamento da doutrina harmônica. No entanto, na ocasião não tive de me abster das objeções necessárias à compreensão dos verbetes de que precisava tratar; isso teria sido sacrificar a utilidade do livro em prejuízo dos leitores; teria sido adular sem instruir e trocar a deferência pela covardia.

Exorto os artistas e os amadores a lerem este livro sem desconfiança e a julgarem-no com a mesma imparcialidade que tive ao escrevê-lo. Rogo-lhes que considerem que, como não exerço sua profissão, não tenho aqui outro interesse a não ser o da arte, e, mesmo que tivesse, deveria naturalmente favorecer a música francesa, na qual posso ter um lugar, contra a italiana, na qual não posso ser nada. Mas, visando sinceramente ao progresso de uma arte que eu amava apaixonadamente, meu prazer calou minha vaidade. Os primeiros hábitos ligaram-me por muito tempo à música francesa e por ela era abertamente

---

(1754), é mencionado nos verbetes "Acompanhamento", "Adagio", "Cânone", "Dissonância", "Harmonia", "Modo", "Música", "Quinta", "Recitativo", "Som", "Sons harmônicos" e "Sistema".

*Dicionário de música*

entusiasta. Comparações atentas e imparciais levaram-me à música italiana e a ela me entreguei com a mesma boa-fé. Se alguma vez gracejei, foi para responder aos outros no mesmo tom; mas não ofereci ditos espirituosos como toda prova, como eles o fizeram, e só gracejei depois de ter raciocinado. Agora que os infortúnios e os males enfim me liberaram de um gosto que havia conseguido poder demais sobre mim, só pelo amor à verdade persisto nos julgamentos que unicamente o amor à Arte me fez sustentar. Mas, num trabalho como este, consagrado à música em geral, conheço apenas uma que, não sendo de nenhum país, é a de todos; nunca entrei na querela de duas músicas, a não ser quando se tratou de esclarecer algum aspecto importante ao progresso de ambas. Cometi muitos erros, sem dúvida; mas estou certo de que a parcialidade não me fez cometer nenhum deles. Se ela faz com que me seja erroneamente imputado algum erro pelos leitores, o que posso fazer? São eles, então, que não querem que meu livro lhes seja bom.

Se em outras obras vimos alguns verbetes pouco importantes que também fazem parte desta, aqueles que poderão fazer essa observação terão a boa vontade de lembrar que, em 1750, o manuscrito saiu de minhas mãos sem que eu saiba o que houve com ele desde então. Não acuso ninguém de ter tomado meus verbetes, mas não é justo que outros me acusem de ter tomado os seus.

*Motiers-Travers, 20 de dezembro de 1764.*

# Dicionário de música

**ACENTO**. Chama-se assim, segundo a acepção mais geral, a toda modificação da voz falada na duração ou no tom das sílabas e das palavras com as quais o discurso é composto; o que mostra uma relação muito precisa entre os dois usos dos *acentos* e as duas partes da melodia, quais sejam, o ritmo e a entonação. *Accentus*, diz o gramático Sergius, no Donat,[1] *quasi ad cantus*. Há tantos acentos diferentes quanto há maneiras de modificar assim a voz; e há tantos gêneros de *acentos* quanto há causas gerais dessas modificações.

Distinguem-se três desses gêneros no simples discurso, a saber: o *acento* gramatical, que contém a regra dos *acentos* propriamente ditos, pelos quais o som das sílabas é grave ou

---

1 Conforme Pierre Saby, muito provavelmente trata-se do gramático Servius Maurus Honoratus, nascido por volta de 375, a quem se costuma atribuir a obra intitulada *Commentum in artem Donati*. Donat, ou Ælius Donatus, ainda segundo Saby, foi um gramático latino nascido por volta de 310 a.C., autor da *Ars Donati Grammatici Urbis Romae*. Ver P. Saby, Notices sur les noms propres cités par Rousseau. In: C. Dauphin, op. cit., p.830 e p.863.

agudo, e aquela da quantidade, pela qual cada sílaba é breve ou longa; o *acento* lógico ou racional, que erroneamente muitos confundem com o precedente. Essa segunda espécie de *acento*, ao indicar a relação, a maior ou menor conexão que as proposições e as ideias têm entre si, distingue-se em parte pela pontuação. Enfim, o *acento* patético ou oratório que, por diversas inflexões de voz, por um tom mais ou menos elevado, por um falar mais vivo ou mais lento, exprime os sentimentos por meio dos quais aquele que fala é agitado e os comunica àqueles que o escutam. O estudo desses diversos *acentos* e de seus efeitos na língua deve ser a grande ocupação do músico, e Dionísio de Halicarnasso[2] com razão considera o *acento* em geral como a semente de toda música. Devemos também admitir como uma máxima incontestável que a maior ou menor quantidade de *acento* é a verdadeira causa que torna as línguas mais ou menos musicais: pois qual seria a relação da música com o discurso, se os tons da voz cantada não imitassem os *acentos* da palavra? Disso se segue que, quanto menos uma língua possui semelhantes *acentos*, tanto mais a melodia deve ser monótona, lânguida e insípida; a menos que ela busque no ruído e na força dos sons o charme que não pode encontrar em sua variedade.

Quanto ao *acento* patético e oratório, que é o objeto mais imediato da música imitativa do teatro, não se deve opor à

---

2 Segundo Claude Dauphin, não se sabe ao certo se Rousseau faz alusão a Dionísio de Halicarnasso (c. 60 a.C.-14 d.C.), gramático e retórico grego, ou ao "seu descendente de mesmo nome" que, ainda segundo Dauphin, teria nascido por volta do ano 120 d.C. e composto uma *História da música*, bem como uma obra intitulada *Instruções musicais*. Ver Dauphin, op. cit., p.118 (n."b") e p.828.

*Dicionário de música*

máxima que acabo de estabelecer o fato de que, estando sujeitos às mesmas paixões, todos os homens devem possuir igualmente a sua linguagem. Pois uma coisa é o *acento* universal da natureza que a todo homem arranca gritos inarticulados, e outra coisa é o *acento* da língua que engendra a melodia particular de uma nação. Uma única diferença entre o maior ou menor grau de imaginação e de sensibilidade que se observa de um povo a outro deve introduzir uma infinidade delas no idioma acentuado, se ouso falar dessa maneira. O alemão, por exemplo, eleva igual e fortemente a voz na cólera; ele grita sempre no mesmo tom. O italiano, a quem mil movimentos diversos agitam de modo rápido e sucessivamente no mesmo caso, modifica sua voz de mil maneiras. O mesmo fundo de paixão reina em sua alma: mas que variedade de expressões nos seus *acentos* e na sua linguagem! Ora, é devido a essa única variedade, quando o músico sabe imitá-la, que ele deve a energia e a graça de seu canto.

Infelizmente, todos esses *acentos* diversos, que se acordam perfeitamente na boca do orador, não são tão fáceis de conciliar sob a pena do músico, já tão afetado pelas regras particulares de sua arte. Não se pode duvidar que a música mais perfeita, ou pelo menos a mais expressiva, seja aquela em que todos os *acentos* são observados com maior exatidão. Mas o que torna esse concurso de elementos tão difícil é o fato de que, nessa arte, regras demais estão sujeitas à contradição mútua; e quanto menos a língua é musical, mais se contrariam, pois nenhuma o é perfeitamente: de outro modo, aqueles que dela se servem cantariam em vez de falar.

Frequentemente, essa extrema dificuldade de seguir ao mesmo tempo as regras de todos os *acentos* obriga o compositor à dar preferência a uma ou a outra, conforme os diversos gêneros de música dos quais ele se ocupa. Assim, as árias de dança exigem, sobretudo, um *acento* rítmico e cadenciado cujo caráter, em cada nação, é determinado pela língua. O *acento* gramatical deve ser o primeiro examinado no recitativo, para tornar mais sensível a articulação das palavras, que está sujeita a se perder devido à rapidez da elocução na ressonância harmônica: mas o *acento* apaixonado, por sua vez, sobressai nas árias dramáticas; e, sobretudo na sinfonia, tanto um como o outro subordinam-se a um terceiro gênero de *acento* que poderíamos chamar de musical, e que é de alguma maneira determinado pela espécie de melodia que o músico quer ajustar às palavras.

Com efeito, o primeiro e principal desígnio de toda música é agradar ao ouvido; assim, toda ária deve ter um canto agradável: eis a primeira lei que jamais é permitido infringir. Deve-se, portanto, consultar primeiramente a melodia e o *acento* musical no desenho[3] de uma ária qualquer. Em seguida, tratando-se de um canto dramático e imitativo, deve-se buscar o *acento* patético, que dá ao sentimento sua expressão, e o o *acento* racional, por meio do qual o músico traduz com exatidão as ideias do poeta; pois para inspirar aos outros o calor com o qual somos animados quando lhes falamos, deve-se fazer com que entendam o que dizemos. O *acento* gramatical é necessário

---

3 No verbete "Dessein" do mesmo *Dicionário de música*, Rousseau define esse vocábulo da seguinte maneira: "[...] *Desenho* é a invenção e a condução do tema, a disposição de cada parte e o ordenamento geral do todo. [...] Essa ideia do *desenho* geral de uma obra também se aplica particularmente a cada trecho que a compõe. Assim, *desenhamos* uma ária, um duo, um coro etc. [...]".

## Dicionário de música

pela mesma razão; e essa regra, pelo fato de ser aqui a última quanto à ordem, não é menos indispensável que as duas precedentes, visto que o sentido das proposições e das frases depende absolutamente daquele das palavras. Mas o músico que sabe sua língua raramente tem necessidade de pensar nesse *acento*; ele não saberia cantar sua ária sem se aperceber se fala bem ou mal e a ele basta saber que deve sempre falar bem. Que satisfação, todavia, quando uma melodia flexível e fluente jamais cessa de se prestar ao que exige a língua! Os músicos franceses, em particular, têm meios eficazes que tornam imperdoáveis os seus erros sobre esse ponto; e têm, sobretudo, o tratado da prosódia francesa do sr. Abade d'Olivet,[4] que todos eles deveriam consultar. Aqueles que estiverem em condição de se elevar mais alto poderão estudar a *Gramática de Port-Royal* e as eruditas notas do filósofo que a comentou. Ao apoiarem então o uso sobre as regras e as regras sobre os princípios, eles sempre estarão certos do que devem fazer quanto ao emprego do *acento* gramatical de toda espécie.

Quanto às duas outras espécies de *acentos*, em menor medida podem ser reduzidas a regras e sua prática requer menos estudo e mais talento. A linguagem das paixões não se encontra de maneira alguma com sangue-frio; e é uma verdade repisada que é preciso sentir-se comovido para comover os outros. Portanto, na busca do *acento* patético nada pode substituir esse gênio que desperta sem restrições todos os sentimentos; e nessa parte não há outra arte a não ser a de acender em seu próprio coração o

---

4 Pierre-Joseph Thoulier, abade d'Olivet (1682-1768), gramático e historiador jesuíta, foi membro da Academia francesa.

fogo que se deseja levar ao coração dos outros (Ver GÊNIO). É o *acento* racional que está em questão? Neste caso, a arte tem poucos meios de apreendê-lo, pelo fato de que não se ensina os surdos a ouvir. É preciso também confessar que esse *acento* é menos que os outros da alçada da música, pois ela é ainda mais a linguagem dos sentidos que a do espírito. Por conseguinte, dai ao músico muitas imagens ou sentimentos e poucas ideias simples a exprimir: pois só as paixões cantam; o entendimento nada faz senão falar.

**ACENTOS**. Não raro, os poetas empregam essa palavra no plural para significar o canto mesmo, e a acompanham ordinariamente de um epíteto como *doces, ternos, tristes acentos*. Nesse caso, essa palavra recupera exatamente o sentido de sua raiz, pois provém de *canere, cantus*, de onde se formou *accentus*, como *concentus*.

**ÁRIA**. Canto que se adapta à letra de uma canção, ou de uma pequena peça de poesia própria para ser cantada, e, por extensão, chama-se de *ária* à canção mesma.

Nas óperas, denominam-se *árias* todos os cantos medidos, para distingui-los do recitativo, e, geralmente, chama-se de *ária* a todo trecho completo de música vocal ou instrumental que forma um canto, quer seja porque este trecho forma por si mesmo uma peça inteira, quer porque podemos destacá-lo do todo de que faz parte, e executá-lo separadamente.

Se o tema ou o canto está dividido entre duas partes, a *ária* se chama *duo*; se o tema ou o canto está dividido entre três partes, *trio* etc.

# Dicionário de música

Saumaise[5] acredita que esse termo vem do latim *æra*, e Burette[6] concorda com a sua opinião, embora Ménage[7] o combata, em suas etimologias[8] da língua francesa.

Os romanos possuíam seus sinais para o ritmo, assim como os gregos possuíam os seus; e esses sinais, que também provinham de seus caracteres, eram nomeados não somente como *numerus*, mas, ainda, *æra*, ou seja, número ou a marca do número, *numeri nota*, diz Nonnius Marcellus.[9] É nesse sentido que a palavra *æra* se encontra empregada neste verso de Lucílio:[10]

*Hæc est ratio? Perversa æra! Summa subducta improbe!*
[De que vale este cálculo? O número é defeituoso! Logo, a soma também o é!]

E Sextus Rufus[11] dela se serviu nesse mesmo sentido.

Ora, ainda que originariamente essa palavra fosse empregada para designar apenas o número ou a medida do canto, em seguida dela se fez o mesmo uso que se havia feito da palavra *numerus*, e a palavra *æra* foi empregada para designar o canto mesmo; de onde surgiu, segundo os dois autores citados, a palavra francesa *air*, e a italiana *aria*, tomada no mesmo sentido.

---

5 Claude Saumaise (1588-1653), filólogo francês.
6 Pierre Jean Burette (1655-1747), médico e historiador francês.
7 Gilles Ménage (1613-1692), etimologista francês.
8 Provável referência às obras intituladas *Origem da língua francesa* (1650) e *Observações sobre a língua francesa* (1672), de Gilles Ménage.
9 Nonnius Marcellus (século IV), gramático latino.
10 Caius Lucilius (c.180?/148?-c.103 a.C.), poeta latino.
11 Sextus Rufus, ou Festo (século IV), historiador latino.

Os gregos possuíam muitas espécies de *árias* às quais chamavam de *nomoi* ou canções (Ver CANÇÃO). Cada um dos *nomoi* possuía seu caráter e seu uso, e muitos eram próprios a certo instrumento particular, mais ou menos como o que, hoje em dia, chamamos de *peças* ou *sonatas*.

A música moderna possui diversas espécies de *árias*, e cada qual convém a certa espécie de dança, da qual essas *árias* levam o nome (Ver MINUETO, GAVOTA, MUSETTE, PASSEPIED etc.).

As *árias* de nossas óperas são, por assim dizer, a tela ou o fundo sobre o qual são pintados os quadros da música imitativa; a melodia é o desenho, a harmonia é o colorido; todos os objetos pitorescos da bela natureza, todos os sentimentos refletidos do coração humano são os modelos que o artista imita; a atenção, o interesse, o encanto do ouvido e a emoção do coração são a finalidade dessas imitações (Ver IMITAÇÃO). Uma *ária* engenhosa e agradável, uma *ária* inventada pelo gênio e composta pelo gosto é a obra-prima da música; é nela que se desenvolve uma bela voz, que uma sinfonia brilha de maneira bela; é com ela que a paixão vem insensivelmente comover a alma por meio dos sentidos. Depois de uma bela *ária*, sentimo-nos satisfeitos, os ouvidos não desejam mais nada; ela permanece na imaginação, nós a levamos conosco, repetimo-la à vontade; executamo-la em nosso cérebro, tal como a ouvimos durante o espetáculo, sem que dela possamos restabelecer uma única nota. Vemos a cena, o ator, o teatro; escutamos o acompanhamento, o aplauso. O verdadeiro amador nunca perde as belas *árias* que escutou ao longo de sua vida: ele faz com que a ópera recomece a seu bel-prazer.

# Dicionário de música

As letras das *árias* não se seguem sempre, não se declamam como as do recitativo; embora geralmente curtas, elas se interrompem, se repetem, se transpõem segundo a vontade do compositor; elas não formam uma narrativa contínua: ou elas pintam um quadro que se deve observar sob diversos pontos de vista, ou um sentimento em que o coração se compraz, do qual não pode, por assim dizer, desprender-se; e as diferentes frases da *ária* são apenas outras tantas maneiras de contemplar a mesma imagem. Eis por que o assunto deve ser um só. É por meio dessas repetições bem entendidas, é mediante esses impactos redobrados que uma expressão que, de início, não pôde vos emocionar, enfim, vos abala, vos agita, vos transporta para fora de vós; e é ainda por causa do mesmo princípio que as *roulades*,[12] que nas *árias* patéticas parecem tão deslocadas, não o são, porém, sempre. O coração, oprimido por um sentimento muito intenso o exprime muitas vezes de maneira mais viva mediante sons inarticulados do que por meio de palavras (Ver NEUMA).

A forma das *árias* é de duas espécies. As pequenas *árias* são comumente compostas de duas partes,[13] as quais são cantadas duas vezes cada uma; mas as grandes *árias* de ópera são mais frequentemente escritas em rondó (Ver RONDÓ).

---

12  No verbete "Roulade", do *Dicionário de música* de Rousseau, encontra-se a seguinte definição: "No canto, passagem de várias notas sobre uma mesma sílaba".

13  No original, *reprises* (literalmente, "repetições"). No mesmo *Dicionário de música*, Rousseau define esse termo da seguinte maneira: "REPETIÇÃO [*reprise*]. *s.f.* Chama-se de *repetição* a toda parte de uma melodia que se repete sem ser escrita duas vezes".

**BAIXO**, em música, significa o mesmo que *grave*, e esse termo é o contrário de *alto* ou *agudo*. Assim, diz-se que o tom é muito *baixo*, que se canta muito *baixo*, que é preciso reforçar os sons no *grave*. Às vezes, *baixo* também significa suavemente, a meia--voz, e, nesse sentido, é o contrário de *forte*. Diz-se *falar baixo*, cantar ou salmodiar a voz *baixa*. *Cantava ou falava tão baixo que se tinha dificuldade para escutá-lo.*

> Passai tão lentamente e murmurai tão baixo,
> Que Issé não vos escute.
>
> La Motte[14]

*Baixo* se diz, ainda, na subdivisão das vozes agudas, daquela dentre as duas que se situa abaixo da outra, ou melhor, mezzo--soprano[15] é um soprano cujo diapasão está abaixo do *medium* ordinário (Ver SOPRANO).

---

14 *"Coulez si lentement et murmurez si bas, / Qu'Issé ne vous entende pas."* Versos extraídos do libreto de Antoine Houdar de La Motte (1632-1731), utilizado na pastoral *Issé*, de André Cardinal Destouches (1672-1749).

15 O termo *"bas-dessus"* (lit. "baixo-soprano"), traduzido aqui por "mezzo-soprano", e que também poderia ser traduzido por "contralto", no contexto da música setecentista, é definido por Jean Duron da seguinte maneira: "Registro vocal. Parte de segundo ou terceiro soprano, criança, mulher ou castrato, e, mais especificamente, as vozes médias e graves (mezzo-soprano e contralto). As claves utilizadas para esse registro são *dó* na primeira linha ou *dó* na segunda linha". Nessa mesma entrada do *Dictionnaire* dirigido por Marcelle Benoît, Duron transcreve uma passagem do *Dicionário de música* de Rousseau. Trata-se de um trecho do verbete "Voz", no qual, como bem observa Duron, Rousseau lamenta o fato de que "os franceses

*Dicionário de música*

**BAIXO FUNDAMENTAL.** *Baixo fundamental* é aquele formado apenas por sons fundamentais da harmonia, de sorte que por debaixo de cada acorde ele permite ouvir o verdadeiro som fundamental desse acorde, ou seja, aquele do qual ele deriva pelas regras da harmonia. A partir disso, vê-se que o *baixo fundamental* não pode ter outra contextura a não ser a de uma sucessão regular e fundamental, sem o que o movimento das partes superiores seria ruim.

Para compreender esse ponto adequadamente é preciso saber que, segundo o sistema do sr. Rameau, o qual segui nesta obra, todo acorde, ainda que formado de vários sons, possui apenas um fundamental, a saber: aquele que produziu esse acorde e que lhe serve de *baixo* na ordem direta e natural.[16]

---

façam 'pouco-caso' de tais vozes". Cf. J. Duron, Bas-dessus. In: M. Benoit (Dir.), *Dictionnaire de la musique en France aux XVII<sup>e</sup> et XVIII<sup>e</sup> siècles*. Paris: Fayard, 1992, p.55.

16 Em um quadro alfabético de termos, no final de seu tratado intitulado *Génération harmonique ou Traité de musique théorique et pratique* ("Geração harmônica ou Tratado de música teórica e prática"), de 1737, Rameau define o *baixo fundamental* da seguinte maneira: "BAIXO FUNDAMENTAL, ou SOM FUNDAMENTAL. É o som da totalidade de um corpo sonoro, com o qual ressoam naturalmente as partes alíquotas $1/2$ $1/3$ $1/5$, e que compõem com ele o acorde perfeito, do qual ele é sempre, por conseguinte, o som mais grave, mesmo quando a ele acrescentamos a dissonância". Cf. *Génération harmonique ou Traité de musique théorique et pratique* — A Facsimile of the 1737 Paris Edition. New York: Broude Brothers, 1966, "table alphabétique". Cf. também J. Frisch; C. Kintzler, Basse fondamentale. In: Philippe Beaussant, *Rameau de A à Z*. Paris: Fayard/IMDA, 1983, p.55-6. Publicada cerca de quinze anos após o *Tratado de harmonia*, a "Geração harmônica" de Rameau, assim como o *Novo sistema de música teórica* (1726), também é considerada como uma espécie de

Ora, o *baixo*, que sob todas as outras partes predomina, nem sempre exprime os sons fundamentais dos acordes, pois dentre todos os sons que formam um acorde o compositor pode colocar no baixo aquele que julga preferível, em atenção ao movimento desse *baixo*, ao canto agradável, e, sobretudo, à expressão, como explicarei em seguida. Nesse caso, o verdadeiro som fundamental, em vez de estar em seu lugar natural, que é o *baixo*, desloca-se a outras partes, ou nem mesmo se faz ouvir; e esse acorde se chama acorde invertido. No fundo, um acorde invertido em nada difere do acorde direto que o produziu, pois sempre se trata dos mesmos sons; mas, como esses sons formam combinações diferentes, durante muito tempo tomamos essas combinações por outros tantos acordes fundamentais, e lhes demos diferentes nomes que podem ser vistos na entrada *acorde*, e que terminaram por distingui-los, como se a diferença de nomes pudesse realmente produzir variedade na espécie.

O sr. Rameau mostrou, em seu *Tratado de harmonia*, e o sr. d'Alembert,[17] em seus *Elementos de música*, demonstrou com maior clareza, que vários desses supostos acordes eram apenas

---

"complemento indispensável" àquele primeiro tratado e, junto com ele, é considerada "a obra teórica fundamental de Rameau", como assevera Jacques Chailley (à diferença de que, como aponta este mesmo comentador, "o *Tratado* é fundamentado sobre uma especulação de origem cartesiana, apoiada em considerações matemáticas", ao passo que a *Geração harmônica* "retoma as conclusões" do *Tratado*, transpondo-as para o terreno da "experimentação acústica"). Cf. Jacques Chailley, Génération harmonique. In: P. Beaussant, op. cit., p.160.

17 D'Alembert também é citado por Rousseau nos verbetes "Acústica", "Cacofonia", "Cadência", "Enarmonia", "Harmonia", "Sons harmônicos".

*Dicionário de música*

inversões de um só. Assim, o acorde de sexta é apenas um acorde perfeito cuja terça é deslocada para o *baixo*; nele colocando a quinta, teremos o acorde de quarta e sexta. Eis, aqui, três combinações de um acorde que possui apenas três sons; aqueles que possuem quatro são suscetíveis de quatro combinações, considerando que cada som pode ser colocado no *baixo*. Mas ao levar abaixo dele outro *baixo* que, em todas as combinações de um mesmo acorde, apresenta sempre o som fundamental, é evidente que se reduz a um terço o número dos acordes consonantes, e a um quarto o número dos dissonantes. Acrescentai a isso todos os acordes por suposição que se reduzem, ainda, aos mesmos fundamentais, e encontrareis a harmonia simplificada a um ponto que jamais se teria esperado no estado de confusão em que suas regras se encontravam antes do sr. Rameau. Como observa esse autor, certamente é um fato surpreendente que possamos ter desenvolvido a prática dessa arte ao ponto a que chegou sem conhecermos o seu fundamento, e que tenhamos encontrado exatamente todas as regras sem termos descoberto o princípio que as produz.

Depois de ter dito o que é o *baixo fundamental* nos acordes, falemos agora de seu movimento e da maneira como ele encadeia esses acordes entre si. Sobre esse ponto, os preceitos da arte podem reduzir-se às seis regras seguintes:

I. No *baixo fundamental* jamais devem soar outras notas que não sejam as da gama do tom em que se está, ou daquele ao qual se quer passar. É a primeira e a mais indispensável de todas as regras.

II. Pela segunda, seu movimento deve estar submetido às leis da modulação, de tal maneira que nunca deixe que se perca a ideia de um tom, a não ser quando se apreende a de outro; ou seja, o *baixo fundamental* nunca deve ser errante nem permitir que se esqueça por um momento em que tom se está.

III. Pela terceira, ele está sujeito ao encadeamento dos acordes e à preparação das dissonâncias; preparação que, como irei mostrar, é apenas uma das possibilidades da ligadura, e que, por conseguinte, nunca é necessária quando o encadeamento pode existir sem ela (Ver LIGADURA, PREPARAR).

IV. Pela quarta, depois de toda dissonância, ele deve observar a progressão que lhe é determinada pela necessidade de salvá-la (Ver SALVAR).

V. Pela quinta, que é apenas uma implicação das precedentes, o *baixo fundamental* deve caminhar apenas por intervalos consonantes; ele sobe diatonicamente apenas em um ato de cadência de engano, ou depois de um acorde de sétima diminuta. Qualquer outro movimento do *baixo fundamental* é ruim.

VI. Enfim, pela sexta, o *baixo fundamental* ou a harmonia não deve sincopar, mas marcar o compasso e os tempos mediante remanejamentos de acordes bem cadenciados; de sorte que, por exemplo, as dissonâncias que devem ser preparadas o sejam no tempo fraco, mas, sobretudo, que todos os repousos se encontrem no tempo forte. Esta sexta regra admite uma infinidade de exceções; todavia, o compositor deve pensar nela se quer escrever uma música em que o movimento seja bastante marcado e cujo compasso transcorra com graça.

*Dicionário de música*

Onde quer que essas regras sejam observadas, a harmonia será regular e sem falta; o que não impedirá que a música possa ser detestável (Ver COMPOSIÇÃO).

Uma palavra esclarecedora sobre a quinta regra talvez não seja inútil. Que se mude a posição de um *baixo fundamental* à vontade; se é bem-feito, nele não encontraremos nada mais que estas duas coisas: acordes perfeitos em movimentos consonantes, sem os quais esses acordes não teriam nenhuma ligadura, ou acordes dissonantes nos atos de cadência; em qualquer outro caso, a dissonância não poderia estar bem colocada nem convenientemente salva.

Disso decorre que o *baixo fundamental* só pode caminhar regularmente de uma destas três maneiras: I) Ascender ou descender em intervalo de terça ou sexta. II) Em quarta ou quinta. III) Ascender diatonicamente por meio da dissonância que forma a ligadura, ou por licença[18] sobre um acorde perfeito. Quanto à descida diatônica, é um movimento absolutamente proibido no *baixo fundamental*, ou, quando muito, tolerado no caso de dois acordes perfeitos consecutivos, separados por um repouso expresso ou subentendido; esta regra não possui outra exceção, e é por não ter esclarecido o verdadeiro fundamento de certas passagens que o sr. Rameau fez com que o *baixo fundamental* dos acordes de sétima descesse diatonicamente, o que não pode ocorrer em uma boa harmonia (Ver CADÊNCIA, DISSONÂNCIA).

O *baixo fundamental* que acrescentamos apenas para confirmar a harmonia se elimina durante a execução, e, frequente-

---

18 Cf. verbete "Licença".

mente, resultaria em um efeito muito ruim, pois que, como muito acertadamente afirma o sr. Rameau, ele existe para o juízo e não para o ouvido. Ele produziria, no mínimo, uma monotonia muito entediante, por causa dos retornos do mesmo acorde que dissimulamos e variamos de maneira mais agradável ao combiná-lo de diferentes formas no baixo-contínuo, sem considerar que as diversas inversões de harmonia produzem mil maneiras de atribuir novas belezas ao canto, e uma nova energia à expressão (Ver ACORDE, INVERSÃO).

Se o *baixo fundamental* não serve para compor boa música, perguntar-me-ão, se até mesmo deve ser suprimido durante a execução, então qual é sua utilidade? Respondo que, em primeiro lugar, aos estudantes ele serve de regra para aprender a formar uma harmonia regular e para fixar, em todas as partes, o movimento diatônico e elementar que lhes é prescrito mediante esse *baixo fundamental*. Além de que, como já disse, ele serve para confirmar se uma harmonia já realizada é boa e regular, pois, comumente, toda harmonia que não se submete a um *baixo fundamental* é ruim. Enfim, ele serve para encontrar um baixo-contínuo para um canto dado; ainda que, na verdade, aquele que não souber realizar diretamente um baixo-contínuo certamente não realizará melhor um *baixo fundamental*, e muito menos conseguirá transformar esse *baixo fundamental* em um bom baixo-contínuo. Não obstante, eis as principais regras que o sr. Rameau apresenta para encontrar o *baixo fundamental* de um canto dado:

I.  Assegurar-se do tom e do modo pelos quais se começa, e de todos aqueles pelos quais se passa. Há tam-

*Dicionário de música*

bém regras para essa busca dos tons, mas tão longas, tão vagas, tão incompletas, que, nesse sentido, muito tempo antes de as regras serem aprendidas o ouvido está formado, e que o estúpido que quiser tentar empregá-las somente irá adquirir o hábito de ir sempre nota a nota, sem jamais saber onde está.

II. De maneira sucessiva, experimentar as cordas principais do tom sob cada nota, começando pelas mais análogas e passando às mais afastadas, quando a isso se é forçado.

III. Por uma boa sucessão fundamental, considerar se a corda escolhida pode se coadunar com a voz mais aguda no que precede e no que segue, e retornar quando isto não for possível.

IV. Mudar a nota do *baixo fundamental* somente quando se tiverem esgotado todas as notas consecutivas da voz mais aguda que podem fazer parte de seu acorde, ou quando alguma nota sincopada no canto puder receber duas ou mais notas de baixo, para preparar, em seguida, as dissonâncias salvas de maneira regular.

V. Estudar o entrelaçamento das frases, as sucessões possíveis de cadências, quer sejam plenas, quer evitadas, e, sobretudo, os repousos que, ordinariamente, aparecem a cada quatro ou a cada dois compassos, a fim de fazê-los recair sempre sobre as cadências perfeitas ou irregulares.

VI. Enfim, observar todas as regras acima expostas para a composição do *baixo fundamental*. Eis as principais observações a serem feitas para que se encontre um a partir de um canto dado, pois às vezes vários deles podem ser encontrados; mas o que quer que se diga, se o canto possui acento e caráter, há apenas um *baixo fundamental* que se lhe possa adaptar.

Depois de ter exposto sumariamente a maneira de compor um *baixo fundamental*, restaria apresentar os meios de transformá-lo em baixo-contínuo; e isso seria fácil se fosse necessário considerar apenas o movimento diatônico e o canto belo desse baixo; mas não creiamos que o baixo que é o guia e o apoio da harmonia, a alma e, por assim dizer, o intérprete do canto, limita-se a regras tão simples; há outras que nascem de um princípio mais seguro e mais radical, princípio fecundo, mas oculto, o qual foi sentido por todos os artistas de gênio, sem jamais ter sido desenvolvido por ninguém. Penso ter lançado seu germe em minha *Carta sobre a música francesa*.[19] Já disse o suficiente para aqueles que me compreendem; jamais direi o suficiente para os outros (Ver, não obstante, UNIDADE DE MELODIA).

Não falo, aqui, do sistema engenhoso do sr. Serre[20] de Genebra, nem de seu duplo *baixo fundamental*, pois os princípios que ele havia entrevisto, com uma sagacidade digna de elogios, foram desde então desenvolvidos pelo sr. Tartini, em uma obra que apresentarei antes do fim desta (Ver SISTEMA).

---

19 *Lettre sur la musique française*. In: J.-J. Rousseau, *Œuvres complètes*. t.V. Paris: Gallimard, 1995, p.287-328 (Edição bras.: *Carta sobre a música francesa*. Trad. e notas de José Oscar de Almeida Marques e Daniela de Fátima Garcia. Campinas: IFCH-Unicamp, 2005).

20 Jean Adam Serre (1704-1788), físico, matemático e teórico da música.

*Dicionário de música*

**BARROCO.** Uma música *barroca* é aquela em que a harmonia é confusa, carregada de modulações e dissonâncias; o canto, duro e pouco natural; a entonação, difícil, e o movimento, forçado. É provável que esse termo derive do *baroco* dos lógicos.

**CACOFONIA.** *s.f.* União discordante de vários sons mal escolhidos ou mal afinados. Essa palavra deriva de χαχός, *ruim* e φωνή, *som*. Portanto, é descabido que a maior parte dos músicos pronuncie *cacafonia*. Por fim, talvez eles consigam fazer com que se adote essa pronúncia, como já o fizeram com a de *colophane*.[21]

**CANÇÃO.** Espécie de pequeno poema lírico muito curto, que ordinariamente gira em torno de assuntos agradáveis, ao qual se acrescenta uma ária para cantar em ocasiões familiares, como à mesa, com os amigos, com sua senhora, e mesmo sozinho, para afastar, por alguns instantes, o tédio, se somos ricos; e para suportar mais suavemente a miséria e o trabalho, se somos pobres.

O uso das *canções* parece ser uma consequência natural do uso da palavra, e não é, de fato, menos universal; pois, em todo lugar em que se fala, se canta. Para inventá-las, foi necessário apenas desenvolvermos os respectivos órgãos, apresentarmos de maneira agradável as ideias com as quais gostávamos de nos ocupar, e fortificar mediante a expressão de que a voz é capaz o sentimento que intentávamos exprimir, ou a imagem que intentávamos pintar. Além disso, os antigos, quando ainda não

---

21 "Colafane" e "colophone" são as duas grafias que figuram no dicionário de "Trévoux" (edição de 1721). Em português, "colofânia", ou "colofônio" (m.q. "breu").

# Jean-Jacques Rousseau

dominavam a arte de escrever, já tinham *canções*. Suas leis e suas histórias, os louvores aos deuses e aos heróis foram cantados antes de serem escritos. E, segundo Aristóteles, disso decorre que o mesmo nome grego foi atribuído às leis e às *canções*.[22]

Verdadeiramente, toda a poesia lírica eram apenas *canções*; mas, aqui, devo me limitar a falar daquela que mais particularmente levava esse nome, e que, conforme as nossas ideias, melhor se adequava a seu caráter.

Comecemos pelas *canções* de mesa. Nos primeiros tempos, diz o sr. de La Nauze,[23] segundo o relato de Dicearco,[24] Plu-

---

22 Rousseau refere-se à seguinte passagem da *Política* (1290b 4-18): "[...] considera-se a aristocracia uma forma de oligarquia, por causa de suas afinidades com a oligarquia, e o chamado governo constitucional é considerado uma democracia, tal como no caso dos ventos se considera o vento do oeste uma espécie de vento do norte, e o do leste uma espécie do vento do sul. O mesmo com os tons da escala musical, como alguns dizem, pois nesse caso também as pessoas se referem somente a dois tons – o dório e o frígio, e todos os outros arranjos de escalas são chamados uns de dórios, outros de frígios. É esta a maneira pela qual geralmente se trata das constituições, mas é mais autêntico e preferível classificá-las como nós fizemos, e, presumindo que há duas formas superiormente estruturadas (ou melhor, uma), dizer que as outras são desvios, quer se trate de misturas bem-feitas de tons da escala musical, quer se trate de misturas bem-feitas de formas corretas de constituição; podemos comparar os tons mais dominantes às formas oligárquicas, e os tons mais suaves e mais soltos às formas democráticas". Cf. ARISTÓTELES. *Política*. Tradução, introdução e notas de Mário da Gama Kury. Brasília: Editora UnB, 1997, p.126.

23 Louis Jouard de La Nauze (1696-1773), jesuíta e homem de letras francês.

24 Dicearco (ca. 347-ca. 285 a.C.), historiador, geógrafo e filósofo, foi discípulo de Aristóteles.

*Dicionário de música*

tarco e Artemon,[25] todos os convivas cantavam juntos e com uma só voz os louvores à divindade. Assim, essas *canções* eram verdadeiros peãs, ou cânticos sagrados. Para eles, os deuses não eram desmancha-prazeres; e eles não desdenhavam incluí-los em seus divertimentos.

Em seguida, os convivas cantavam sucessivamente, cada um por seu turno segurando um ramo de mirto, o qual passava da mão daquele que acabava de cantar àquele que cantava depois dele. Enfim, quando a música se aperfeiçoou na Grécia, e que se utilizou a lira nos banquetes, segundo os autores já citados, somente as pessoas hábeis estiveram em condições de cantar à mesa; pelo menos, acompanhando-se à lira. Os outros, obrigados a se contentar com o ramo de mirto, deram origem a um provérbio grego, segundo o qual se dizia que um homem cantava ao mirto quando se queria taxá-lo de ignorante.

Essas *canções* acompanhadas à lira, cujo inventor foi Terpandro,[26] chamam-se *escólios*, palavra que significa *oblíquo* ou *tortuoso*, para indicar, segundo Plutarco, a dificuldade da *canção*; ou, como o quer Artemon, a situação irregular daqueles que cantavam. Pois, como era necessário ser hábil para cantar dessa maneira, na fileira nem todos cantavam, mas apenas aqueles que conheciam música, os quais se encontravam dispersos cá e lá, e dispostos obliquamente entre si.

---

25 Artemon (século VI ou IV a.C.). Segundo Yves Jaffrès, ou bem Rousseau se refere a um "rival de Anacreonte (século VI a.C.), ou bem a A. de Pérgamo (século IV a.C.), comentador de Píndaro [...]". Cf. Y. Jaffrès, *Notices sur les noms propres cités par Rousseau*. In: C. Dauphin, op. cit., p.815.

26 Terpandro (século VII a.C.), poeta e músico grego.

Os temas dos *escólios* eram emprestados não somente do amor e do vinho, ou do prazer em geral, como atualmente, mas também da história, da guerra e até da moral. Tal é a *canção* de Aristóteles sobre a morte de Hermias,[27] seu amigo e aliado, a qual fez com que seu autor fosse acusado de impiedade:

> Ô, virtude, que, apesar das dificuldades que apresentais aos fracos mortais, sois o objeto encantador de suas indagações! Virtude pura e amável! Para os gregos, sempre foi um destino digno de inveja morrer por vós, e sofrer com constância os mais atrozes dos males. Tais são as sementes de imortalidade que espalhais em todos os corações. Seus frutos são mais preciosos que o ouro, que a amizade dos familiares, que o sono mais tranquilo. Por vós o divino Hércules e os filhos de Leda suportaram mil trabalhos, e o sucesso de suas proezas anunciou vosso poderio. Foi por amor a vós que Aquiles e Ájax desceram ao Império de Plutão, e foi por vossa celeste beleza que o príncipe de Atarne também se privou da luz do Sol. Príncipe para sempre celebrizado por suas ações; as filhas de Memória cantarão sua glória, sempre que entoarem o culto de Júpiter hospitaleiro, e o preço de uma amizade duradoura e sincera.

Nem todas as suas *canções* morais eram tão solenes como essa. Eis uma de caráter diferente, extraída de Atenæus:[28]

> O primeiro de todos os bens é a saúde, o segundo, a beleza, o terceiro, as riquezas acumuladas sem fraude, e o quarto, a juventude que vivemos com nossos amigos.

---

27 Embora Hermias (? – 345 a.C.) tenha sido escravo, seu último senhor, Eulubus, permitiu que ele seguisse os ensinamentos de Platão.
28 Atenæus (século III), escritor de origem egípcia.

Quanto aos *escólios* que giram em torno do amor e do vinho, podemos julgá-los pelas setenta odes de Anacreonte que nos restam. Mas até nessas espécies de *canções* ainda se via brilhar esse amor à pátria e à liberdade, pelo qual todos os gregos eram transportados.

"Vinho e saúde", diz uma dessas *canções*, "para minha Clitágora e para mim, com o apoio dos tessalonicenses." Ocorre que, além de Clitágora ser tessália, os atenienses outrora receberam socorro dos tessalonicenses, contra a tirania dos pisistrátidas. Eles também possuíam *canções* para as diversas profissões. Desse gênero eram as *canções* dos pastores, das quais uma espécie chamada de *bucoliasmo* era o verdadeiro canto daqueles que conduziam o gado, e a outra, que é propriamente a *pastoral*, era sua agradável imitação; a *canção* dos ceifeiros, chamada de *lytierse*, do nome de um filho de Midas, que se ocupava da colheita por gosto; a *canção* dos moleiros, chamada de *himaios*, ou *epiaulia*, como esta, extraída de Plutarco: "Moei, mó, moei: pois Pittacus que reina na augusta Mytilene ama moer", dado que Pittacus era um grande comilão; a *canção* dos tecelões, que se chamava *eline*; a *canção yule* dos trabalhadores da lã; aquela das amas, que se chamava *catabaucalese ou nunnie*; a *canção* dos amantes, chamada de *nomion*; aquela das mulheres, chamada de *calyce*; a das moças, *harpalice*. Estas duas últimas, haja vista o sexo ao qual se dirigiam, eram também *canções* de amor.

Para ocasiões particulares, eles possuíam a *canção* das bodas, que se chamava *hymeneo, epitálamo*; a *canção* de *datis*, para ocasiões alegres; as lamentações, o *ialeme* e o *linos*, para ocasiões fúnebres e tristes. Esse *linos* era também cantado entre os egípcios, e era por eles chamado de *maneros*, do nome de um de seus príncipes, por ter sido cantada na ocasião de seu luto. Por uma passagem de Eurípides, citada por Atenæus, vemos que o *linos* também podia indicar alegria.

Enfim, havia ainda os hinos ou *canções* em honra aos deuses e aos heróis. Estas eram as *iules* de Ceres e Proserpina, a *philelie* de Apolo, as *upinges* de Diana etc.

Esse gênero passou dos gregos aos latinos, e várias odes de Horácio são *canções* galantes ou báquicas. Mas essa nação, mais guerreira que sensual, fez, durante muito tempo, um uso medíocre da música e das *canções*, e jamais se aproximou, nesse aspecto, das graças da volúpia grega. Parece que o canto sempre permaneceu rude e grosseiro entre os romanos. Aquilo que cantavam nas bodas era mais parecido com clamores do que com *canções*, e mal se pode presumir que as *canções* satíricas dos soldados, quando da ocasião dos triunfos de seus generais, tivessem uma melodia muito agradável.

Os modernos também possuem suas *canções* de diferentes espécies, segundo o gênio e o gosto de cada nação. Mas, na arte de compor *canções*, os franceses sobressaem na Europa inteira, se não pelo contorno e pela melodia das árias, no mínimo pelo charme, pelo caráter picante, pela graça e delicadeza das palavras; ainda que, em geral, o espírito e a sátira nelas apareçam muito mais que o sentimento e a volúpia. Comprouveram-se nesse divertimento e nele se tornaram exímios em todas as épocas, como atestam os antigos trovadores. Esse povo feliz está sempre alegre, transformando tudo em gracejo; as mulheres são muito galantes e os homens muito desinibidos, e o país produz um excelente vinho: haveria como não cantar o tempo todo? Temos, ainda, antigas *canções* de Thibault,[29] conde de Champagne, o

---

29 Thibault IV (1201-1253), o cancionista, rei de Navarra (1234-1253).

*Dicionário de música*

homem mais galante de seu século, musicadas por Guillaume de Machaut.[30] Marot[31] escreveu muitas das que nos restam, e graças às árias de Orlando[32] e de Claudin,[33] temos também várias delas da plêiade de Charles IX. Nada falarei das *canções* mais modernas, pelas quais os músicos Lambert,[34] Du Bousset,[35] La Garde[36] e outros adquiriram renome, dentre os quais encontramos tantos poetas quantos boêmios entre o povo do mundo que nisso mais se compraz, ainda que nem todos sejam tão célebres quanto o conde de Coulanges[37] e o abade de Lattaignant.[38] A Provença e

---

30 Guillaume de Machaut (c. 1300-1377), escritor e compositor, autor da célebre Missa de Notre Dame e de canções polifônicas sacras e profanas.

31 Clément Marot (1496-1544), poeta protestante francês.

32 Orlando di Lasso ou Roland de Lassus (1532-1594), expoente da polifonia franco-flamenga.

33 Claudin de Sermisy (ca. 1490/5-1562), luminar compositor da tradição das canções polifônicas francesas.

34 Michel Lambert (ca. 1610-1696), cantor, compositor e professor de canto em Paris.

35 De acordo com Frédéric Robert, Jean-Baptiste Drouart de Bousset (1662-1725) foi organista e compositor: "formado pelo cônego Farjonel, maître de musique da Ste-Chapelle de Dijon, em 1696, chegou a essas mesmas funções em Paris", onde finalmente se tornou *maître de musique* da corte. Cf. Marcelle Benoit (Dir.), *Dictionnaire de la musique en France aux XVII<sup>e</sup> et XVIII<sup>e</sup> siècles*. Paris: Arthème Fayard, 1992, p.86.

36 Segundo Raphaëlle Legrand, Pierre de La Garde (1717-ca. 1792) foi compositor e cantor. "Desde 1748, compôs para o Théâtre des Petits-Cabinets da Madame de Pompadour [...] ensinou harpa a Maria Antonieta [...] e foi regente da Academia Real de Música de 1750 a 1755." Cf. Marcelle Benoit (Dir.), op. cit., p.378 e p.380.

37 Pierre Philippe Emmanuel, marquês de Coulanges (1631-1716), escritor e cancionista, era primo da Madame de Sévigné, a qual é mencionada por Rousseau no Segundo Livro das *Confissões*.

38 Gabriel-Charles, abade de Lattaignant (1697-1779), poeta e cancionista francês.

o Languedoc não degeneraram de modo algum de seu talento original. Vemos sempre reinar nessas províncias uma atmosfera alegre que incita continuamente seus habitantes ao canto e à dança. Diz-se que um provençal ameaça seu inimigo com uma *canção*, assim como um italiano ameaçaria o seu com um golpe de estilete; cada qual possui suas armas. Os outros países também possuem suas províncias cancioneiras: na Inglaterra, é a Escócia, na Itália, Veneza (Ver BARCAROLAS).

Nossas *canções* são de várias espécies, mas, geralmente, giram em torno do amor ou do vinho ou da sátira. As *canções* de amor são: as árias delicadas, também chamadas de árias sérias; os romances, cujo caráter se presta a comover a alma, pouco a pouco, por meio da narração terna e ingênua de alguma história amorosa e trágica; as *canções* pastorais e rústicas, das quais várias são compostas para dançar, como as musettes, as gavotas, os branles etc.

As *canções* de bebida são muito frequentemente árias para vozes graves, ou rondes de mesa; é com toda razão que poucas são compostas para as vozes agudas, pois não há imagem mais crapulosa e mais vil de devassidão que a de uma mulher embriagada.

Quanto às *canções* satíricas, estão incluídas no que se denomina vaudevilles,[39] e lançam indiferentemente suas setas sobre o

---

39 "Espécie de canção com coplas, que ordinariamente trata de temas jocosos ou satíricos. Faz-se remontar a origem desse pequeno poema ao reino de Carlos Magno; mas, segundo a opinião mais comum, ele foi inventado por um certo Basselin, pisoador de Vire, na Normandia; e, como para dançar esses cantos se reuniam no Val [vale] de Vire, eles foram chamados, segundo se diz, Vaux-de-Vire; depois, por corruptela, *vaudevilles*." Verbete "Vaudeville" do *Dicionário de música* de Rousseau.

*Dicionário de música*

vício ou a virtude, tornando-os igualmente ridículos; e é por isso que se deve proscrever o vaudeville da boca das pessoas de bem.

Temos, ainda, uma espécie de *canção* à qual chamamos de paródia. Trata-se de palavras que se ajustam na medida do possível às músicas para violino e outros instrumentos, e que mal e mal se faz com que rimem, sem considerar a métrica dos versos nem o caráter da ária nem o significado das letras, e, quase sempre, sem levar em conta a honestidade (Ver PARÓDIA).

**CANTAR.** *Cantar* é, segundo a acepção mais geral, formar com a voz sons variados e apreciáveis (Ver CANTO). Mas *cantar* é mais comumente fazer diversas inflexões de voz, sonoras, agradáveis ao ouvido, mediante intervalos admitidos na música e nas regras da modulação.

*Canta-se* mais ou menos agradavelmente à proporção que se possui a voz mais ou menos agradável e sonora, o ouvido mais ou menos afinado, o órgão mais ou menos flexível, o gosto mais ou menos formado, e mais ou menos prática na arte do *canto*. Ao que se deve acrescentar, na música imitativa e teatral, o grau de sensibilidade que nos provoca mais ou menos os sentimentos que devemos exprimir. Tem-se também maior ou menor disposição para *cantar* de acordo com o clima no qual se nasce e conforme há mais ou menos acento em sua língua natural; pois tanto mais a língua é acentuada, e, consequentemente, melodiosa e *cantante*, mais aqueles que a falam possuem, naturalmente, a facilidade de *cantar*.

Fez-se do *canto* uma arte, isto é, a partir das observações acerca das vozes que melhor *cantavam*, compuseram-se regras para facilitar e aperfeiçoar a prática desse dom natural (Ver MESTRE DE CANTO). Mas restam muitas descobertas a serem feitas da maneira mais fácil, mais curta e mais segura de adquirir essa arte.

**CANTO**. *s.m.* Espécie de modificação da voz humana, por meio da qual se formam sons variados e apreciáveis. Observemos que, para dar a essa definição toda a universalidade que ela deve ter, não se devem tomar por *sons apreciáveis* apenas aqueles que podemos designar com as notas de nossa música e produzir mediante as teclas de nosso teclado, mas todos aqueles dos quais se pode encontrar ou sentir o uníssono e calcular os intervalos de qualquer maneira que seja.

É muito difícil determinar em que a voz que forma a palavra difere da voz que forma o *canto*. Essa diferença é notável, mas não se percebe com clareza em que consiste; e quando queremos procurá-la não a encontramos. O sr. Dodart[40] fez observações anatômicas em favor das quais, na verdade, ele acredita encontrar nas diferentes disposições da laringe a causa desses dois tipos de voz. Mas não sei se essas observações, ou as consequências que ele obtém delas são muito seguras (ver VOZ). Aos sons que formam a palavra parece faltar apenas a continuidade para que produzam um verdadeiro *canto*. Parece também que as diversas inflexões que, ao falarmos, damos à voz formam intervalos que não são nada harmônicos, que não fazem parte de nossos sistemas de música, e que, como consequência da impossibilidade de expressá-los por meio de nota, não são para nós propriamente reputados por *canto*.

O *canto* não parece natural ao homem. Ainda que os selvagens da América cantem, porque falam, o verdadeiro selvagem

---

40 Denis Dodart (1634-1707), médico francês.

*Dicionário de música*

jamais cantou. Os mudos não cantam; apenas emitem vozes sem permanência, mugidos surdos que a necessidade lhes arranca. Eu duvidaria que o sr. Pereira,[41] com todo o seu talento, pudesse conseguir deles algum *canto* musical. As crianças gritam, choram, e não cantam: as primeiras expressões da natureza nada contêm de melodioso nem de sonoro; e elas aprendem a cantar como aprendem a falar, de acordo com o nosso exemplo. O *canto* melodioso e apreciável é apenas uma imitação plácida e artificial dos acentos da voz falada ou apaixonada; gritamos e lamentamo-nos sem cantar, mas ao cantar imitamos os gritos e os lamentos; e dado que, de todas as imitações, a mais interessante é a das paixões humanas, dentre todas as maneiras de imitar, o *canto* é a mais agradável.

*Canto*, aplicado mais particularmente à nossa música é a sua parte melodiosa, aquela que resulta da duração e da sucessão dos sons, aquela da qual depende toda expressão, e à qual todo o resto é subordinado (Ver MÚSICA, MELODIA). Os *cantos* agradáveis impressionam no primeiro instante, gravam-se facilmente na memória, mas, frequentemente, são o escolho dos compositores; pois apenas algum saber se faz necessário para amontoar acordes, mas é preciso talento para imaginar *cantos* graciosos. Em cada nação há expressões de *canto* triviais e batidas, nas quais os maus músicos reincidem incessantemente; existem barrocas que nunca são usadas, pois o público as re-

---

41 Jacob-Rodriguez Pereira, ou Pereire (1716-1780), educador espanhol de surdos-mudos e inventor de um "alfabeto manual" conhecido como "dactilologia". Pereira também é citado por Rousseau no primeiro capítulo do *Ensaio sobre a origem das línguas*.

jeita sempre. Cabe ao homem de gênio inventar *cantos* novos; ao homem de gosto, encontrar belos *cantos*.

Enfim, em seu sentido mais estrito, *canto* diz-se somente da música vocal; e naquela que é mesclada com sinfonia, chamamos de partes de *canto* aquelas destinadas às vozes.

**CASTRATO.** *s.m.* Músico que, na infância, foi privado dos órgãos da reprodução, para conservar sua voz aguda que canta a parte chamada de *soprano*.[42] Por menor que seja a relação que se percebe entre dois órgãos tão diferentes, certo é que a mutilação de um previne e impede no outro essa mutação que sobrevém aos homens em idade núbil, e que de repente baixa sua voz em uma oitava. Na Itália, há pais bárbaros que, ao sacrificarem a natureza à fortuna, entregam seus filhos a essa operação, para o prazer das pessoas voluptuosas e cruéis, que ousam procurar o canto desses infelizes. Deixemos às honoráveis mulheres das grandes cidades os risos comedidos, o ar desdenhoso e os murmúrios jocosos, dos quais eles são o eterno objeto; mas façamos ouvir, se possível, a voz do pudor e da humanidade que grita e se levanta contra essa infame prática, e que os príncipes que a estimulam com suas solicitações enrubesçam de vez por prejudicar, com tantas maneiras afetadas, a conservação da espécie humana.

De resto, nos *castrati* a vantagem da voz se compensa com muitas outras perdas. Esses homens que cantam tão bem, mas sem calor e sem paixão, são, no teatro, os mais enfadonhos

---

42 "Dessus ou Soprano", no original. No *Dicionário de música* de Rousseau, lê-se a seguinte definição: "DESSUS. *s.m.* A mais aguda das partes da música; aquela que prevalece sobre todas as outras [...]".

atores do mundo; eles perdem sua voz muito cedo e adquirem uma corpulência repugnante. Eles falam e pronunciam pior que os verdadeiros homens, e há mesmo letras, tais como o *r*, que não podem pronunciar de maneira alguma.

Embora a palavra *castrato* não seja capaz de ofender os mais delicados ouvidos, isso não ocorre com seu sinônimo francês. Prova evidente de que aquilo que torna as palavras indecentes ou obscenas depende menos das ideias que a elas ligamos que do uso da boa companhia que as tolera ou as proscreve a seu bel-prazer.

Contudo, poderíamos dizer que se admite a palavra italiana enquanto representante de uma profissão, ao passo que a palavra francesa representa apenas a privação que a ela está ligada.

**COMPOSITOR**. *s.m.* Aquele que compõe música ou que sabe as regras da composição. Ver, na entrada COMPOSIÇÃO, a exposição dos conhecimentos necessários para saber compor, os quais ainda não são suficientes para formar um verdadeiro *compositor*. Toda a ciência possível não basta sem o gênio que a põe em prática. Qualquer esforço que se possa fazer, qualquer experiência[43] que se tenha, é preciso ter nascido para essa arte; do contrário, apenas se produzirá algo medíocre. Isto ocorre com o *compositor* e com o poeta, se, ao nascer, a natureza não o formou desse modo:

---

43 Segundo o "Dictionnaire Français et Latin...", dito "Trévoux" (1721, p.110), o termo *acquis* significa "conhecimento, habilidade que decorre da aplicação, da destreza e do trabalho [...] Este homem possui *habilidade*, isto é, ciência, capacidade, experiência, reputação [...]".

# Jean-Jacques Rousseau

Se do Céu não recebeu a influência secreta,
para ele, Febo é surdo, e Pégaso, insubmisso.[44]

O que entendo por gênio não é de modo algum esse gosto bizarro e caprichoso que semeia por toda a parte o barroco e o difícil, que só sabe adornar a harmonia mediante dissonâncias, contrastes e ruído; é esse fogo interior que queima, que atormenta o *compositor* contra a sua vontade, que, incessantemente, inspira-lhe cantos novos e sempre agradáveis; expressões vivas, naturais e que se dirigem ao coração; uma harmonia pura, comovente, majestosa, que reforça e embeleza o canto sem o abafar. Foi esse divino guia que conduziu Corelli,[45] Vinci,[46] Perez,[47] Rinaldo,[48] Jomelli,[49] Durante,[50] o qual é mais douto que todos eles, ao santuário da Harmonia; Leo,[51] Pergolesi,[52]

---

44 *S'il n'a reçu du Ciel l'influence secrette,/ pour lui Phébus est sourd et Pégase est retif.* Boileau, *Arte Poética*, Canto I, versos 3 e 6.

45 Arcangelo Corelli (1653-1713), violinista e compositor italiano.

46 Leonardo Vinci (c. 1690-1730), compositor de origem napolitana.

47 Davide Perez (1711-1778), compositor napolitano. Perez também é citado por Rousseau na *Carta sobre a música francesa*. Cf. J.-J. Rousseau, *Carta sobre a música francesa*, op. cit., p.20.

48 Rinaldo di ou da Capua (ca. 1705-ca. 1780), compositor italiano.

49 Niccolò ou Nicola Jommelli (1714-1774), compositor italiano. Jommelli também é citado por Rousseau nos verbetes "Estilo" e "Gênio".

50 Francesco Durante (1684-1755), compositor napolitano.

51 Leonardo Leo (1694-1744), compositor italiano.

52 Compositor predileto de Rousseau, Giovanni Battista Pergolesi (1710-1736) era natural de Jesi, comuna situada na Itália central. Dentre as suas obras, destacam-se um *Stabat Mater*, de 1736, e a ópera intitulada *La Serva Padrona* (1733), a qual teve uma influência decisiva na chamada "Querela dos Bufões".

Hasse,[53] Terradeglias,[54] Galuppi,[55] ao do bom gosto e da expressão.

**CORO**. *s.m.* Trecho de harmonia completa a quatro ou mais partes, cantado ao mesmo tempo por todas as vozes e tocado pela orquestra inteira. Nos coros, procura-se um rumor agradável e harmonioso que encanta e sacia o ouvido. Um belo coro é a obra-prima de um iniciante, e é por meio desse gênero de obra que ele se mostra suficientemente instruído em todas as regras da harmonia. Na França, os franceses têm fama de se sair melhor nesse ponto que qualquer outra nação da Europa.

O *coro*, na música francesa, às vezes é chamado de *grand-chœur* [grande coro], em oposição ao *petit-chœur* [pequeno coro], o qual é composto de três partes, apenas, a saber: duas sopranos e contralto, que lhe serve de baixo. De tempos a tempos, faz-se ouvir separadamente esse *petit-chœur*, cuja doçura contrasta agradavelmente com a ruidosa harmonia do grande.

Na ópera de Paris, chama-se, ainda, de *petit-chœur* a um certo número dos melhores instrumentos de cada gênero, os quais formam como que uma pequena orquestra particular ao redor do cravo e daquele que marca o compasso. Esse *petit-chœur* des-

---

53 Johann Adolf Hasse (1699-1783), compositor alemão.

54 Domenico ou Domingo Terradeglias ou Terradellas ou Terradella (1713-1751), compositor espanhol que estudou com Francesco Durante em Barcelona e Nápoles.

55 Baldassare Galuppi (1706-1785), compositor italiano, foi apelidado de "Il Buranello" pelo fato de ter nascido na ilha de Burano, situada na laguna de Veneza.

tina-se aos acompanhamentos que exigem maior delicadeza e precisão.

Há músicas para dois ou vários *coros* que se respondem e, às vezes, cantam todos juntos. A ópera *Jephté*[56] é um exemplo disso. Mas essa pluralidade de *coros* simultâneos, que se pratica frequentemente na Itália, não é muito utilizada na França: considera-se que ela não produz um efeito muito bom, que sua composição não é muito fácil, e que são necessários músicos demais para executá-la.

**CORPO SONORO.** *s.m.* Chama-se assim todo *corpo* que produz ou pode imediatamente produzir som. Dessa definição não decorre que todo instrumento de música seja um *corpo sonoro*; deve-se dar esse nome somente à parte do instrumento que soa por si mesma e sem a qual não haveria som. Assim, em um violoncelo ou em um violino, cada corda é um *corpo sonoro*; mas a caixa do instrumento, que apenas repercute ou reflete o som, não é absolutamente o *corpo sonoro* e dele não faz parte de maneira alguma. Deve-se ter este verbete em mente todas as vezes que o *corpo sonoro* for mencionado nesta obra.

---

56 Segundo José Luis de la Fuente Charfolé, nessa passagem Rousseau refere-se a uma "ópera bíblica" de Michel Pignolet de Montéclair (1667-1737) – Carissimi e Haendel também escreveram oratórios a partir da história dessa mesma personagem bíblica (Juízes, 10:6-12:7) –, cuja estreia, ainda segundo Charfolé, ocorreu em 1732. Cf. José Luis de la Fuente Charfolé (Ed.), *Diccionario de música – Jean-Jacques Rousseau*. Trad. José L. de la Fuente Charfolé. Madrid: Akal, 2007, p.157, n.88. Rousseau refere-se a essa obra de Montéclair no Livro Quinto das *Confissões*. Cf. J.-J. Rousseau, *Œuvres complètes*. t.I. Paris: Gallimard, 1959, p.211.

*Dicionário de música*

**EFEITO**. *s.m.* Impressão agradável e forte que produz uma excelente música sobre os ouvidos e o espírito dos ouvintes; assim, a simples palavra *efeito* significa em música um grande e belo *efeito*. E não somente se dirá a respeito de uma obra que ela produz *efeito*; mas se distinguirá, pelo nome de *coisas de efeito*, todas aquelas em que a sensação produzida parece superior aos meios empregados para excitá-la.

Uma longa prática pode levar ao conhecimento das coisas de *efeito* sobre o papel; mas apenas o gênio as encontra. É o defeito dos compositores ruins e de todos os principiantes: amontoar partes sobre partes, instrumentos sobre instrumentos, para encontrar o *efeito* que lhes escapa, e de abrir, como disse um antigo, uma grande boca para soprar numa pequena flauta. Ao ver suas partituras tão carregadas, tão cheias, diríeis que eles vos surpreenderiam mediante *efeitos* prodigiosos, e se estais surpresos ao escutar tudo isso, é por escutar uma pequena música magra, débil, confusa, sem *efeito*, e mais apropriada a aturdir os ouvidos do que a satisfazê-los. Ao contrário, o olho busca sobre as partituras dos grandes mestres esses *efeitos* sublimes e encantadores que sua música executada produz. É que os pequenos detalhes são ignorados ou desdenhados pelo verdadeiro gênio, pois ele não vos diverte com multidões de objetos pequenos e pueris, mas vos emociona mediante grandes *efeitos*, e que a força e a simplicidade reunidas sempre formam o seu caráter.

**ESTILO**. *s.m.* Caráter distintivo de composição ou de execução. Este caráter varia muito segundo o país, o gosto dos povos, o gênio dos autores; segundo as matérias, os lugares, as épocas, os temas, as expressões etc.

Diz-se, na França, o *estilo* de Lully,[57] de Rameau, de Mondonville[58] etc. Diz-se, na Alemanha, o *estilo* de Hasse, de Gluck,[59] de Graun.[60] Diz-se, na Itália, o *estilo* de Leo, de Pergolesi, de Jomelli, de Buranello.[61] O *estilo* das músicas de igreja não é o mesmo que o das músicas para o teatro ou de câmara. O *estilo* das composições alemãs é saltitante, descontinuado, mas harmonioso. O *estilo* das composições francesas é insípido, sem graça ou duro, mal cadenciado, monótono; o das composições italianas é florido, picante, enérgico.

*Estilo* dramático ou imitativo é um *estilo* próprio para excitar ou pintar as paixões. *Estilo* de igreja é um *estilo* sério, majestoso, grave. *Estilo* de moteto, em que o artista afeta se mostrar como tal, é mais clássico e erudito que enérgico ou afetuoso. Há o *estilo* hiporquemático,[62] próprio à alegria, ao prazer, à dança, e cheio de movimentos vivos, alegres e bastante marcados. Há o *estilo* sinfônico ou instrumental. Como cada instrumento

---

57 Jean-Baptiste Lully ou Lulli (1632-1687) é mencionado por Rousseau em seis verbetes do *Dicionário de música*, quais sejam, "Corda prima", "Cronômetro", "Abertura", "Recitativo", "Estilo" e "Sistema"; e no verbete "Música" da *Enciclopédia*.

58 Jean-Joseph Cassanéa de Mondonville (1711-1772), compositor e violinista francês.

59 Chistoph Willibald Gluck (1714-1787), compositor alemão, autor de *Ifigênia em Áulide* (1774), *Orfeu e Eurídice* (1774), *Alceste* (1776), entre outras obras.

60 Carl Henrich Graun (1704-1759), compositor alemão.

61 Trata-se, aqui, da figura de Baldassare Galuppi, cognominado "Il Buranello". Cf. verbete "Compositor" (nota sobre "Galuppi").

62 De "hiporquema" [*Hyporchema*]: "Sorte de cântico durante o qual se dançava nas festas dos deuses". Verbete "Hiporquema" do *Dicionário de música* de Rousseau.

*Dicionário de música*

possui sua maneira de ser executado, sua digitação, seu caráter particular, possui também seu *estilo*. *Estilo* melismático[63] ou natural é aquele que se apresenta em primeiro lugar às pessoas que não estudaram. Há o *estilo* de fantasia, pouco ligado, cheio de ideias, livre de toda imposição. Há o *estilo* corálico ou dançante, o qual se divide em tantos ramos diferentes quantos são os caracteres existentes na dança etc.

Os antigos também possuíam seus *estilos* diferentes (Ver MODO e MELOPEIA).

**FESTA**. *s.f.* Diversão de canto e dança que introduzimos em um ato de ópera, e que sempre interrompe ou suspende a ação.

Essas *festas* são divertidas somente na medida em que a própria ópera é fastidiosa. Em um drama interessante e bem dirigido seria impossível suportá-las.

Na ópera, a diferença que se estabelece entre as palavras *festa* e *diversão* é que a primeira se aplica mais particularmente às tragédias, e a segunda, aos balés.

---

63 De melisma: "Do grego *melisma*, melodia cantada, termo derivado de *melos*, combinação de três elementos: as palavras, a melodia, e o ritmo. Trata-se de um desenho melódico de várias notas ornando uma das sílabas, acentuadas ou não, de um texto cantado. O canto melismático se opõe ao canto silábico, que comporta apenas uma única nota por sílaba. O melisma não pode ser confundido com o vocalise, pois este termo se aplica a uma sequência de notas cantadas sobre uma única letra (e não sobre uma sílaba), e ele concerne, sobretudo, ao exercício de aquecimento vocal dos cantores; por outro lado, um melisma é um grupo de notas vocalizadas no decorrer de uma frase musical mais longa, a fim de enriquecê-la". Cf. Joëlle-Elmyre Doussot, *Vocabulaire de l'ornementation baroque*. Lassay--les-Châteaux: Minerve, 2007, p.91.

# GÊNIO. *s.m.* Não procure, jovem artista, o que é o *gênio*. Se o
tens: tu o sentes em ti mesmo. Não o tens: não o conhecerás
jamais. O *gênio* do músico submete o universo inteiro à sua arte.
Ele pinta todos os quadros com sons; ele faz o próprio silêncio
falar; ele traduz as ideias por sentimentos, os sentimentos por
acentos; e as paixões que exprime, ele as excita no âmago dos
corações. Por meio dele, a volúpia adquire novos encantos; a
dor que ele faz gemer arranca gritos; ele arde continuamente e
jamais se consome. Ele exprime com calor as geadas e os gelos;
mesmo ao pintar os horrores da morte, traz na alma esse sentimento de vida que não o abandona de modo algum, e que ele
comunica aos corações feitos para senti-lo. Mas que infelici-
dade! Ele nada sabe dizer a quem não possui seu germe, e seus
prodígios são pouco perceptíveis a quem não os pode imitar.
Queres então saber se alguma centelha desse fogo devorador
te anima? Corre, voa a Nápoles para ouvir as obras-primas de
*Leo*, de *Durante*, de *Jommelli*, de *Pergolesi*. Se teus olhos se enchem
de lágrimas, se sentes teu coração palpitar, se estremecimen-
tos te agitam, se a opressão te sufoca em teus enlevos, pega o
Metastasio[64] e trabalha; seu *gênio* exaltará o teu; criarás a seu
exemplo: é isso que faz o *gênio*, e outros olhos logo te devolve-
rão as lágrimas que teus mestres te fizeram derramar. Mas, se
os encantos dessa grande arte deixam-te tranquilo; se não tens
delírio nem arrebatamento; se consideras belo apenas aquilo
que enleva; ousas perguntar o que é o *gênio*? Homem vulgar, não

---

64 Antonio Trapassi, vulgo Pietro Metastasio (1698-1782), poeta
e músico italiano, foi também libretista. No *Dicionário de música*,
Rousseau cita o nome desse "genial poeta" nos verbetes "Duo" e
"Gênio".

*Dicionário de música*

profanes de modo algum esse nome sublime. Que te importaria conhecê-lo? Não saberias senti-lo: faz música francesa.

**GOSTO.** *s.m.* De todos os dons naturais, o *gosto* é aquele que melhor se sente e menos se explica; ele não seria o que é se pudéssemos defini-lo, pois ele julga objetos sobre os quais o juízo não tem mais meios de apreender e serve, se assim ouso falar, de lentes à razão. Na melodia, há cantos mais agradáveis que outros, ainda que igualmente bem modulados. Na harmonia, há coisas de efeito e coisas sem efeito, todas igualmente regulares. No entrelaçamento dos trechos, há uma arte excelente de fazer valer uns pelos outros, que provém de alguma coisa mais fina que a lei dos contrastes. Na execução do mesmo trecho, há diferentes maneiras de produzi-lo, sem jamais se afastar de seu caráter: entre essas maneiras, umas agradam mais que outras, e, longe de poder submetê-las às regras, não se pode nem mesmo determiná-las. Leitor, dá-me razão quanto a essas diferenças, e eu te direi o que é o *gosto*.

Cada homem tem um *gosto* particular, por meio do qual dá às coisas que chama de belas e boas uma ordem que só diz respeito a ele. Um é mais comovido pelos trechos patéticos, o outro gosta mais das árias alegres. Uma voz doce e flexível carregará seus cantos com ornamentos agradáveis; uma voz sensível e forte animará os seus com acentos da paixão. Um buscará a simplicidade na melodia; o outro estimará as linhas[65]

---

65 No original, *"traits"*. Joëlle-Emmyre Doussot apresenta diferentes acepções desse termo (extraídas de tratados e escritos do período barroco), dentre as quais destacamos a seguinte: "Segundo Bernacchi (*Sistema do Grande Método de canto*, p.36 e seguintes), a linha é

rebuscadas; e os dois chamarão de elegância o *gosto* que tiverem preferido. Essa diversidade ora provém da diferente disposição dos órgãos, dos quais o *gosto* ensina a tirar proveito, ora do caráter particular de cada homem, que o torna mais sensível a um prazer ou a um defeito que a outro; outras vezes provém da diversidade de idade ou de sexo, que dirige os desejos a objetos diferentes. Em todos esses casos, como cada um tem apenas o seu *gosto* para opor ao de outro, é evidente que não se deve disputá-lo de maneira alguma.

Mas há também um *gosto* geral sobre o qual concordam todas as pessoas esclarecidas e é somente a este que se pode dar absolutamente o nome de *gosto*. Fazei com que ouvidos suficientemente treinados e homens suficientemente instruídos ouçam um concerto: a maior parte deles geralmente estará de acordo sobre o julgamento dos trechos e sobre a ordem de preferência que lhes convêm. Perguntai a cada um a razão de seu juízo; há coisas sobre as quais eles irão apresentá-la com uma opinião quase unânime: tais coisas são aquelas que se encontram submetidas às regras; e este juízo comum é, portanto, aquele do artista e do conhecedor. Mas, dentre essas coisas em relação às quais eles acordam em considerar boas ou ruins, há algumas sobre as quais não poderão conceder seu juízo por meio de nenhuma razão sólida e comum a todos; e este último juízo pertence ao homem de *gosto*. Se a unanimidade perfeita não é aqui

---

um dos mais eficazes ornamentos do canto. Ele consiste em cantar, ininterruptamente, uma quantidade maior ou menor de notas de uma série descendente ou ascendente com maior ou menor rapidez, e sem formar outro intervalo a não ser o de segunda [...]". Cf. J.-E. Doussot, *Vocabulaire de l'ornementation baroque*, op. cit., p.145-6.

*Dicionário de música*

encontrada, isto se deve ao fato de que nem todos são igualmente bem esclarecidos, nem todos são pessoas de *gosto* e os preconceitos do hábito ou da educação, por meio de convenções arbitrárias, frequentemente mudam a ordem das belezas naturais. Sobre esse *gosto* pode-se discutir, pois apenas um é o verdadeiro: mas não vejo absolutamente outro meio de terminar o embate que não seja a contagem das vozes, quando nem sequer se admite a da natureza. Eis então o que deve decidir quanto à preferência entre a música francesa e a italiana.

De resto, o gênio cria, mas o *gosto* escolhe; e frequentemente um gênio excessivamente fecundo necessita de um censor severo que o impeça de abusar de suas riquezas. Sem *gosto* podem-se fazer grandes coisas, mas é ele que as torna interessantes. É o *gosto* que faz o compositor apreender as ideias do poeta; é o *gosto* que faz o executante apreender as ideias do compositor; é o *gosto* que fornece a ambos tudo o que pode adornar e valorizar seu objeto; e é o *gosto* que dá ao ouvinte o sentimento de todas essas conveniências. No entanto, o *gosto* não é de modo algum a sensibilidade. Pode-se ter bastante *gosto* com uma alma fria; e certo homem, enlevado pelas coisas realmente apaixonantes, é pouco comovido pelas graciosas. Parece que o *gosto* se vincula com maior facilidade às pequenas expressões, e a sensibilidade, às grandes.

**HARMONIA**. *s.f.* O sentido que os gregos davam a esse termo, na sua música, não é tão fácil de determinar, visto que, por ser originariamente um nome próprio, não possui raízes por meio das quais se possa decompô-lo para traçar a sua etimologia. Nos antigos tratados que nos restam, a *harmonia* parece ser a parte que tem por objeto a sucessão adequada dos sons, na medida em que são agudos ou graves, por oposição às duas outras partes chamadas de *rítmica* e *métrica*, as quais se relacionam ao tempo e ao compasso: o que deixa a essa conveniência uma ideia vaga e indeterminada que só se pode fixar mediante um estudo expresso de todas as regras da arte; e ainda, depois disso, a *harmonia* será muito difícil de distinguir da melodia, a menos que a esta última sejam acrescentadas as ideias de ritmo e de compasso, sem as quais, de fato, nenhuma melodia pode ter um caráter determinado, ao passo que a *harmonia* o possui por si mesma, independentemente de qualquer outra quantidade (Ver MELODIA).

Vê-se, por uma passagem de Nicômaco, e por outros autores, que às vezes também chamavam de *harmonia* à consonância de oitava e aos concertos que se executavam com voz e instrumentos em oitava, e que eles mais comumente chamavam de *antifonias*.

*Harmonia*, segundo os modernos, é uma sucessão de acordes conforme as leis da modulação. Por muito tempo, essa *harmonia* não teve outros princípios a não ser regras quase arbitrárias ou fundadas unicamente sobre a aprovação de um ouvido treinado, que julgava a boa ou má sucessão das consonâncias, e a partir do que as decisões eram logo postas em cálculo. Mas o padre Mersenne e o sr. Sauveur acharam que todo som, ainda que aparentemente simples, era sempre acompanhado de outros sons menos perceptíveis que formavam com ele o acorde perfeito maior. O sr. Rameau partiu dessa experiência e dela fez a base de seu sistema harmônico, com o qual preencheu muitos livros que o sr. d'Alembert, enfim, deu-se o trabalho de explicar ao público.

O sr. Tartini, partindo de outra experiência mais nova, mais delicada e não menos certa, chegou a conclusões bastante se-

*Dicionário de música*

melhantes por um caminho totalmente oposto. O sr. Rameau faz com que os sopranos sejam gerados a partir do baixo; o sr. Tartini faz com que o baixo seja gerado a partir dos sopranos; este tira a *harmonia* da melodia e o primeiro faz absolutamente o contrário. Para decidir de qual das duas escolas devem sair as melhores obras, deve-se apenas saber, a respeito do canto ou do acompanhamento, qual deve ser feito para o outro. Encontrar-se-á, na palavra *sistema*, uma breve exposição daquele do sr. Tartini. Continuo a falar aqui daquele sistema do sr. Rameau, que segui em toda esta obra, como o único aceito no país em que escrevo.

Entretanto, devo declarar que esse sistema, por mais engenhoso que seja, não é de maneira alguma fundado sobre a natureza, como ele [Rameau] repete sem cessar; que este é estabelecido apenas sobre analogias e conveniências que um homem inventivo pode derrubar amanhã por meio de outras mais naturais; que, enfim, das experiências a partir das quais ele o deduz, uma é reconhecida como falsa, e a outra não fornece de maneira alguma as consequências que delas tira. De fato, quando esse autor quis ornar com o título de *Demonstração*[66] os raciocínios sobre os quais estabeleceu sua teoria, todo mundo zombou dele. A Academia claramente desaprovou essa qualificação ob-reptícia, e o sr. Estève, da Sociedade Real de Montpellier, fez-lhe enxergar que, a começar pela proposição segundo a qual na lei da natureza as oitavas dos sons os representam e

---

66 Rousseau se refere ao tratado de Rameau intitulado *Démonstration du Principe de l'Harmonie servant de base à tout l'Art Musical théorique et pratique* ["Demonstração do Princípio da Harmonia, servindo de base a toda a Arte Musical, teórica e prática"], publicado em 1750.

podem ser tomadas por eles, não havia de maneira alguma nada que fosse demonstrado nem mesmo solidamente estabelecido em sua pretensa demonstração. Retomo o seu sistema. O princípio físico da ressonância oferece-nos os acordes isolados e solitários; deles não estabelece a sucessão. Entretanto, uma sucessão regular é necessária. Um dicionário de palavras escolhidas não é uma arenga, assim como uma reunião de bons acordes não é uma peça de música: faz-se necessário um sentido; é necessário que haja ligação na música, assim como na linguagem; é preciso que algo do que precede se transmita àquilo que segue, para que o todo forme um conjunto e, verdadeiramente, possa ser chamado como tal.

Ora, a sensação composta que resulta de um acorde perfeito resolve-se na sensação absoluta de cada um dos sons que o compõem, e na sensação comparada de cada um dos intervalos que esses mesmos sons formam entre eles: não há nada além de algo sensível nesse acorde; de onde se segue que é somente pela relação dos sons e pela analogia dos intervalos que se pode estabelecer a ligação de que se trata, e aí está o verdadeiro e único princípio do qual decorrem todas as leis da *harmonia* e da modulação. Logo, se toda *harmonia* fosse formada somente por uma sucessão de acordes perfeitos maiores, bastaria proceder por intervalos semelhantes àqueles que compõem tal acorde; pois então algum som do acorde precedente, ao prolongar-se, necessariamente, no seguinte, todos os acordes encontrar-se-iam suficientemente ligados e a *harmonia* seria uma, pelo menos nesse sentido.

Tais sucessões não só excluiriam toda melodia, ao excluírem o gênero diatônico que forma a sua base, mas não alcançariam de maneira alguma o verdadeiro objetivo da arte, já que a músi-

*Dicionário de música*

ca, sendo um discurso, deve ter, assim como ele, seus períodos, suas frases, suas suspensões, seus repousos, sua pontuação de toda espécie; e que a uniformidade das progressões harmônicas não ofereceriam nada disso. As progressões diatônicas exigiam que os acordes maiores e menores fossem entremeados, e sentiu-se a necessidade das dissonâncias para marcar as frases e os repousos. Ora, a sucessão ligada dos acordes perfeitos maiores não produz o acorde perfeito menor nem a dissonância nem espécie alguma de frase, e a pontuação se encontra totalmente ausente.

O sr. Rameau, em seu sistema, ao pretender a todo custo tirar da natureza toda a nossa *harmonia*, para obter tal efeito recorreu a outra experiência por ele criada, da qual falei mais acima e que é o contrário da primeira. Ele alegou que um som qualquer fornecia em seus múltiplos um acorde perfeito menor no grave, do qual ele era a dominante ou a quinta, assim como produz um acorde maior em suas alíquotas, do qual ele é a tônica ou fundamental. Como um fato certo, ele antecipou que uma corda sonora fazia vibrar, em sua totalidade, duas outras cordas mais graves, no entanto, sem fazê-las ressoar, uma em um intervalo de décima segunda maior e a outra em um intervalo de décima sétima; e a partir deste fato vinculado ao precedente, com muita engenhosidade ele deduziu não só a introdução do modo menor e da dissonância na *harmonia*, mas também as regras da frase harmônica e de toda modulação, tais como as encontramos nas entradas ACORDE, ACOMPANHAMENTO, BAIXO FUNDAMENTAL, CADÊNCIA, DISSONÂNCIA, MODULAÇÃO.

Mas, em primeiro lugar, a experiência é falsa. Sabe-se que as cordas afinadas abaixo do som fundamental não vibram por inteiro com esse som fundamental, mas que se dividem para produzir apenas o uníssono, o qual, consequentemente, não possui harmônicos inferiores. Além disso, sabe-se que a propriedade que as cordas têm de se dividir não é absolutamente particular àquelas que são afinadas à décima e à décima sétima abaixo do som principal, mas que é comum a todos os seus múltiplos. Disso decorre que, não sendo os intervalos de décima segunda e de décima sétima inferiores os únicos em sua espécie, nada pode ser concluído em favor do acorde perfeito menor que eles representam.

Mesmo que supuséssemos a verdade dessa experiência, isto nem de longe afastaria as dificuldades. Se toda a *harmonia* é derivada da ressonância do corpo sonoro, como pretende o sr. Rameau, logo não deriva de maneira alguma das vibrações isoladas do corpo sonoro que não ressoa. Com efeito, é uma teoria estranha deduzir os princípios da *harmonia* daquilo que não ressoa; e é uma estranha física aquela que faz o corpo sonoro vibrar sem ressoar, como se o próprio som fosse algo diferente do próprio ar agitado por essas vibrações. Ademais, o corpo sonoro não produz somente os sons que com ele compõem o acorde perfeito, além do som principal, mas uma infinidade de outros sons, os quais são formados por todas as alíquotas do corpo sonoro e que não entram absolutamente nesse acorde perfeito. Por que os primeiros são consonantes e os outros não o são, já que todos são igualmente dados pela natureza?

Todo som produz um acorde realmente perfeito, já que é formado por todos os seus harmônicos, e por causa deles ele é um som. Entretanto, esses harmônicos não são escutados, e distingue-se somente um som simples, a menos que seja extremamente forte; disso decorre que a única boa *harmonia* é o uníssono, e tão

*Dicionário de música*

logo distinguem-se as consonâncias, ao se alterar a proporção natural, a *harmonia* perdeu a sua pureza.

Nesse caso, essa alteração ocorre de duas maneiras. Primeiramente, ao fazer soar certos harmônicos e não outros, altera--se a relação de força que deve reinar entre todos para produzir a sensação de um som único, e a unidade da natureza é destruída. Produz-se, dobrando esses harmônicos, um efeito semelhante àquele que seria produzido ao abafar todos os outros; pois, nesse caso, não se deve duvidar que se ouvissem, com o som gerador, apenas os dos harmônicos que se teriam deixado; ao passo que os deixando todos, eles se destroem mutuamente e concorrem juntos para produzir e reforçar a sensação única do som principal. É o mesmo efeito que produz o *plein-jeu* do órgão quando, ao tirarmos sucessivamente os registros, deixamos com o principal a quinzena[67] e a quinta: pois então esta quinta e esta terça, que permaneciam confundidas, distinguem--se separadamente e de maneira desagradável.

Ademais, os próprios harmônicos que se fazem soar possuem outros harmônicos, os quais não fazem parte do som fundamental; é por meio desses harmônicos acrescentados que aquele que os produz se distingue ainda mais duramente; e esses mesmos harmônicos que assim fazem perceber o acorde não entram de maneira alguma em sua *harmonia*. Eis por que as mais perfeitas consonâncias desagradam naturalmente aos ouvidos pouco preparados para ouvi-las; e não duvido que a pró-

---

67 *"Doublette"*: "Quinzena – Registo de órgão (2'-4') soando duas oitavas (15 graus) acima da nota tocada". Cf. Henrique de Oliveira Marques, *Dicionário de termos musicais*. Lisboa: Referência/Editorial Estampa, 1996, p.572, n.175.

pria oitava não desagradasse, assim como as outras, se desde a infância não estivéssemos habituados com a mistura das vozes de homens e de mulheres.

Tratando-se da dissonância, isto é ainda pior, já que não somente os harmônicos do som que a produzem, mas esse mesmo som não entra no sistema harmônico do som fundamental: o que faz com que a dissonância se distinga sempre de maneira chocante dentre todos os outros sons.

Cada tecla de um órgão, durante o *plein-jeu*, produz um acorde perfeito com terça maior que não se distingue do som fundamental, a menos que se preste uma atenção extrema e que se tirem sucessivamente os registros; mas esses sons harmônicos não se confundem com o principal, a não ser em favor de grande ruído e de uma combinação de registros, por meio da qual os tubos que fazem ressoar o som fundamental cobrem com sua força aqueles que produzem seus harmônicos. Ora, não se observa de maneira alguma e não se poderia observar essa proporção contínua num concerto, dado que, prevista a inversão da *harmonia*, seria necessário que essa força bem maior passasse, a cada instante, de uma parte à outra; o que é impraticável e desfiguraria toda a melodia.

Quando tocamos órgão, cada tecla do baixo faz soar o acorde perfeito maior, mas, visto que esse baixo não é sempre fundamental e como se modula muitas vezes em acorde perfeito menor, esse acorde perfeito maior raramente é aquele que a mão direita ataca; de modo que ouvimos a terça menor com a maior, a quinta com o trítono, a sétima aumentada com a oitava, e mil outras cacofonias, que pouco chocam nossos ouvidos, pois o hábito as torna acomodáveis. Mas não é de presumir que assim ocorresse com o ouvido naturalmente afinado que fosse submetido, pela primeira vez, à prova dessa *harmonia*.

*Dicionário de música*

O sr. Rameau sustenta que sopranos de certa simplicidade naturalmente sugerem seu baixo, e que um homem, tendo o ouvido afinado e não treinado, naturalmente entoará esse baixo. Eis um preconceito de músico desmentido por toda experiência. Aquele que jamais terá ouvido baixo ou harmonia, não só não encontrará por si mesmo essa *harmonia* ou esse baixo, mas estes o desagradarão se fizermos com que os ouça, e ele gostará muito mais do simples uníssono.

Quando se pensa que, dentre todos os povos da Terra que têm uma música e um canto, os europeus são os únicos que possuem uma *harmonia*, acordes, e que acham essa combinação agradável; quando se pensa que o mundo durou tantos séculos sem que, de todas as nações que cultivaram as belas-artes, nenhuma tenha conhecido essa *harmonia*; e que nenhum animal, nenhum pássaro, nenhum ser na natureza produz outro acorde que não seja o uníssono nem outra música que a melodia; que as línguas orientais, tão sonoras, tão musicais; que os ouvidos gregos, tão delicados, tão sensíveis, treinados com tanta arte, jamais guiaram esses povos voluptuosos e apaixonados em direção à nossa *harmonia*; que, sem ela, sua música tinha efeitos tão prodigiosos; que, com ela, a nossa música tem efeitos tão fracos; que, enfim, a povos do norte, cujos órgãos duros e grosseiros são mais comovidos pela ressonância do ruído e das vozes que pela doçura dos acentos e da melodia das inflexões, era reservado fazer essa grande descoberta e, por princípio, dá-la a todas as regras da arte; quando, digo eu, damos atenção a tudo isso, é muito difícil não desconfiar que toda a nossa *harmonia* não passa de uma invenção gótica e bárbara, da qual não teríamos nos apercebido jamais se tivéssemos sido mais sensíveis às verdadeiras belezas da arte e à música verdadeiramente natural.

Todavia, o sr. Rameau sustenta que a *harmonia* é a fonte das maiores belezas da música; mas esse sentimento é contradito pelos fatos e pela razão. Pelos fatos, já que todos os grandes efeitos da música cessaram e que ela perdeu sua energia e sua força desde a invenção do contraponto; ao que acrescento que as belezas puramente harmônicas são belezas eruditas, que apenas arrebatam pessoas versadas em arte; ao passo que as verdadeiras belezas da música, ao pertencerem à natureza, são e devem ser igualmente sensíveis a todos os homens doutos e ignorantes.

Pela razão, já que a *harmonia* não fornece nenhum princípio de imitação por meio do qual a música, ao formar imagens ou exprimir sentimentos, possa elevar-se ao gênero dramático ou imitativo, que é a mais nobre parte da arte e a única enérgica; tudo o que se atém apenas ao físico dos sons nos proporciona um prazer muito limitado e tem muito pouco poder sobre o coração humano (Ver MELODIA).

**IMITAÇÃO.** *s.f.* A música dramática ou teatral concorre à *imitação*, da mesma forma que a poesia e a pintura: é a esse princípio comum que concernem todas as belas-artes, como indicou o sr. Le Batteux.[68] Mas essa *imitação* não tem a mesma extensão para todas. Tudo o que a imaginação pode conceber é da alçada da poesia. A pintura, que não oferece seus quadros à imaginação, mas ao sentido, e a um único sentido, pinta so-

---

68 Charles Batteux (1713-1780), professor de retórica e línguas antigas (latim e grego) no Collège Royal de Paris, foi também musicógrafo e autor do tratado intitulado Les beaux-arts réduits à un même principe (1746), ao qual Rousseau se refere nesta passagem. (Edição bras.: BATTEUX, Charles. *As belas-artes reduzidas a um mesmo princípio.* Trad. Natalia Maruyama, Adriano Ribeiro. São Paulo: Humanitas/Imprensa Oficial do Estado, 2009.)

*Dicionário de música*

mente os objetos submetidos à vista. A música pareceria ter os mesmos limites no que concerne ao ouvido. Entretanto, ela pinta tudo, mesmo os objetos que são apenas visíveis: por meio de um encanto quase inconcebível, ela parece colocar o olho no ouvido, e a maior maravilha de uma arte que somente opera mediante o movimento é o fato de que dele pode formar até a imagem do repouso. A noite, o sono, a solidão e o silêncio estão compreendidos no número dos grandes quadros da música. Sabemos que o ruído pode produzir o efeito do silêncio e o silêncio, o efeito do ruído; da mesma forma que ocorre quando adormecemos durante uma leitura regular e monótona e despertamos no instante em que ela cessa. Mas a música atua mais intimamente sobre nós ao provocar, mediante um sentido, afetos semelhantes aos que podemos provocar por meio de outro; e como não se pode perceber a relação a não ser que a impressão seja forte, a pintura desprovida dessa força não pode reproduzir na música as *imitações* que esta tira dela. Ainda que toda a natureza esteja adormecida, aquele que a contempla não dorme; e a arte do músico consiste em substituir à imagem insensível do objeto aquela dos movimentos que a sua presença suscita no coração do contemplador. Não somente agitará o mar, atiçará a chama de um incêndio, fará fluir os regatos, chover e avolumar as torrentes; mas pintará o horror de um deserto medonho, sombrejará os muros de uma prisão subterrânea, acalmará a tempestade, tornará o ar tranquilo e sereno, e espargirá, da orquestra, um novo frescor sobre os arvoredos. Ela não representará essas coisas diretamente, mas excitará na alma os mesmos movimentos que se experimenta ao vê-las.

Na entrada *harmonia*, afirmei que dela não se tira nenhum princípio que leve à *imitação* musical, já que não há nenhuma relação entre acordes e os objetos que queremos pintar ou as paixões que queremos exprimir. Na entrada MELODIA mostrarei qual é esse princípio que a harmonia não fornece e quais características dadas pela natureza são utilizadas pela música para representar esses objetos e essas paixões.

**IMITAÇÃO**, no seu sentido técnico, é o emprego de um mesmo canto ou de um canto semelhante em várias partes que, uma após a outra, fazem com que seja ouvido em uníssono, em quinta, em quarta, em terça ou em qualquer outro intervalo que seja. A *imitação* será sempre bem empregada, mesmo mudando várias notas, contanto que sempre se reconheça esse mesmo canto e que não se desvie de maneira alguma das leis de uma boa modulação. Frequentemente, para tornar a *imitação* mais perceptível, fazemos com que seja precedida por um silêncio ou notas longas que parecem deixar o canto se extinguir no momento em que a *imitação* o reanima. Tratamos a *imitação* como queremos; abandonamo-la, tomamo-la de volta, começamos outra à vontade; em uma palavra, as suas regras são dilatadas no mesmo grau que as da fuga são rígidas: é por isso que os grandes mestres a desdenham, e toda *imitação* muito afetada quase sempre revela um aprendiz de composição.

**LICENÇA**. *s.f.* Liberdade que o compositor toma e que parece contrária às regras, ainda que esteja no princípio das regras; eis o que distingue as *licenças* das faltas. Por exemplo, em composição é uma regra não subir da terça menor ou da sexta menor até a oitava. Essa regra deriva da lei da ligação harmônica, e daquela referente à preparação. Portanto, quando subimos da terça menor ou da sexta menor até a oitava, de sorte que exista ligação entre os dois acordes, ou que a dissonância esteja preparada, recorremos a uma *licença*; mas se não há ligação nem

*Dicionário de música*

preparação, cometemos uma falta. Da mesma maneira, é uma regra não produzir duas quintas justas em seguida entre as mesmas partes, sobretudo por movimento direto;[69] o princípio dessa regra está na lei da unidade de modo. Portanto, há *licença* todas as vezes que podemos produzir essas duas quintas sem que dois modos sejam percebidos ao mesmo tempo; mas não há nenhuma falta. Essa explicação era necessária, pois os músicos não têm uma ideia clara o bastante do termo *licença*. Como a maior parte das regras da harmonia está fundamentada em princípios arbitrários, e modifica-se conforme o uso e o gosto dos compositores, disso decorre que essas regras variam, estão sujeitas à moda, e que aquilo que é *licença* em uma época não o é mais em outra. Há dois ou três séculos não era permitido produzir duas terças em seguida, sobretudo da mesma espécie. Atualmente, escrevemos peças inteiras com terças; nossos antepassados não permitiam que se entoasse diatonicamente três tons consecutivos. Hoje são entoados sem escrúpulo e sem dificuldade, contanto que a modulação o permita. Assim ocorre com as falsas relações, com a harmonia sincopada, e com mil outros acidentes de composição, os quais, antes, foram faltas e depois *licenças,* e hoje não têm mais nada de irregular.

**MELODIA**. *s.f.* Sucessão de sons, de tal maneira ordenados segundo as leis do ritmo e da modulação, que produz uma sensação agradável ao ouvido. A melodia vocal se chama canto, e a instrumental, sinfonia.

---

69 "Movimento direto": "Na técnica POLIFÔNICA, a movimentação melódica de duas partes em direções iguais". Cf. Henrique Autran Dourado, *Dicionário de termos e expressões da música*. São Paulo: Editora 34, 2004, p.213.

A ideia do ritmo adere necessariamente à ideia de melodia: um canto apenas é um canto quando se encontra medido; a mesma sucessão de sons pode receber tantos caracteres, tantas *melodias* diferentes quantas possibilidades de escandi-la diferentemente; e a simples modificação do valor das notas pode alterar essa mesma sucessão a ponto de torná-la irreconhecível. A *melodia*, portanto, não é nada por si mesma: é o compasso que a determina; e não há canto sem o tempo. Logo, não se deve comparar a *melodia* com a *harmonia*, abstração feita da medida em ambas: pois ela é essencial a uma e não à outra.

A *melodia* relaciona-se a dois princípios diferentes, segundo a maneira como a consideramos. Considerada a partir das relações de sons e das regras do modo, ela tem seu princípio na harmonia; porquanto é uma análise harmônica que dá os graus da escala, as cordas do modo e as leis da modulação, únicos elementos do canto. Segundo esse princípio, toda a força da *melodia* restringe-se a agradar ao ouvido com sons aprazíveis, como se pode agradar à vista com aprazíveis combinações de cores: mas considerada como uma arte da imitação por meio da qual se pode afetar o espírito com diversas imagens, comover o coração com diversos sentimentos, excitar e acalmar as paixões, operar, em uma palavra, efeitos morais que transpõem o império imediato dos sentidos, deve-se buscar para ela outro princípio: pois não se vê nenhum expediente por meio do qual a harmonia sozinha, e tudo o que vem dela, possa nos afetar dessa maneira.

Qual é esse segundo princípio? Ele está na natureza, assim como o primeiro; mas para nela descobri-lo faz-se necessária uma observação mais fina, ainda que mais simples, e mais sensibilidade no observador. Esse princípio é o mesmo que faz variar o tom da voz, quando se fala, conforme as coisas que são ditas e os movimentos que são experimentados ao dizê-las. É o acento

*Dicionário de música*

das línguas que determina a *melodia* de cada nação; é o acento que faz com que se fale ao cantar, e que se fale com mais ou menos energia, conforme a língua tenha mais ou menos acento. Aquela em que o acento é mais marcado deve apresentar uma *melodia* mais viva e mais apaixonada; aquela que possui apenas pouco ou nenhum acento só pode ter uma *melodia* langorosa e fria, sem caráter e sem expressão. Eis os verdadeiros princípios; enquanto nos afastarmos deles e quisermos falar do poder da música sobre o coração humano, falaremos sem nos entender e sem saber o que estaremos dizendo.

Se a música pinta apenas com a *melodia* e dela tira toda a sua força, disso se segue que toda *música* que não canta, por mais harmoniosa que ela possa ser, não é absolutamente uma música imitativa; e não podendo tocar nem pintar com seus belos acordes, bem depressa enfastia os ouvidos e sempre deixa o coração frio. Disso ainda decorre que, a despeito da diversidade das partes introduzidas pela harmonia, e das quais atualmente se abusa tanto, assim que duas *melodias* se fazem ouvir ao mesmo tempo, encobrem-se mutuamente e se tornam sem efeito, por mais bela que cada uma possa ser separadamente; do que se pode julgar com que gosto os compositores franceses introduziram na sua ópera o hábito de fazer uma melodia servir de acompanhamento a um coro ou à outra melodia: é como se alguém tivesse a audácia de recitar dois discursos ao mesmo tempo para aumentar a força de sua eloquência (Ver UNIDADE DE MELODIA).

**MELOPEIA**. *s.f.* Na música antiga, *melopeia* era o uso regular de todas as partes harmônicas, isto é, a arte ou as regras da composição do canto, das quais a prática e o efeito eram chamados de *melodia*.

Os antigos possuíam diversas regras sobre a maneira de conduzir o canto por graus conjuntos, disjuntos ou misturados, ao ascender ou ao descender. Muitas dessas regras encontram-se em Aristóxeno,[70] as quais, em sua totalidade, dependem deste princípio: que, em todo sistema harmônico, o terceiro ou o quarto som depois do fundamental deve atacar sempre a quarta ou a quinta, conforme os tetracordes sejam conjuntos ou disjuntos, diferença que torna um modo autêntico ou plagal, segundo a vontade do compositor. A compilação de todas essas regras é o que se chama de *melopeia*.

A *melopeia* é composta de três partes, a saber: a *escolha*, *lepsis*, que indica ao músico em que lugar da voz ele deve estabelecer seu diapasão; a *mistura*, *mixis*, segundo a qual ele entrelaça ou associa, a propósito dos gêneros e os modos; e o *uso*, *chresis*, que se subdivide em três outras partes. A primeira, chamada de *euthia*, guia o movimento do canto, o qual é direto, do grave ao agudo, ou invertido, do agudo ao grave, ou misto, ou seja, composto de um e de outro. A segunda, chamada de *agoge*, que se movimenta alternadamente por graus disjuntos ao ascender, e conjuntos ao descender, ou ao contrário. A terceira, chamada de *petteia*, por meio da qual ele distingue e escolhe os sons que se devem descartar, os que se devem incluir, e aqueles que se devem empregar com a maior frequência.

Aristides Quintiliano[71] divide toda a *melopeia* em três espécies que se relacionam a tantos outros modos, emprestando

---

70 Aristóxeno de Tarento (meados do século IV a.C., aproximadamente), filósofo grego e teórico da música.

71 Aristides Quintiliano (século III), teórico romano, autor de um tratado sobre música.

*Dicionário de música*

a este último termo um novo significado. A primeira espécie era a *hypatoeides*, assim chamada por causa da corda hypate, a principal ou a mais baixa; pois o canto, ao predominar apenas sobre os sons graves, não se afastava desta corda, e esse canto era apropriado ao modo trágico. A segunda espécie era a *mesoeides*, de *mese*, a corda do meio, pois o canto predominava sobre os sons médios, e esta respondia ao modo nômico, consagrado a Apolo. A terceira se chamava *netoeides*, de *nete*, a última corda ou a mais alta; seu canto se estendia apenas aos sons agudos e constituía o modo ditirâmbico ou báquico. Esses modos possuíam outros que lhes eram subordinados e variavam a *melopeia*, tais como: o erótico ou amoroso; o cômico; o encomiástico, destinado aos louvores.

Como todos esses modos eram próprios para excitar ou acalmar certas paixões, eles influenciavam muito os costumes; e com relação a essa influência, a *melopeia* dividia-se, ainda, em três gêneros, a saber: I) O *sistáltico*, ou aquele que inspirava as paixões ternas e afetuosas, as paixões tristes e capazes de constranger o coração, segundo o sentido da palavra grega; II) o *diastáltico*, ou aquele que era próprio para a expansão, ao excitar a alegria, a coragem, a magnanimidade, os grandes sentimentos; III) o *eucástico* que era o meio-termo entre os dois outros, que reconduzia a alma a um estado tranquilo. A primeira espécie de *melopeia* convinha às poesias amorosas, aos lamentos, aos pesares e a outras expressões semelhantes. A segunda era própria às tragédias, aos cantos de guerra, aos temas heroicos; a terceira aos hinos, aos louvores, às instruções.

**MELOS**. Doçura do canto. Tratando-se de autores gregos, é difícil distinguir entre o sentido da palavra *melos* e o sentido da palavra *melodia*. Platão, no seu *Protágoras*, emprega o termo *melos* no simples discurso e por isso parece entender o canto da palavra. O *melos* parece ser o que faz com que a *melodia* seja agradável. Essa palavra vem de μέλι, mel.

**MÚSICA**. *s.f.* Arte de combinar os sons de uma maneira agradável ao ouvido. Essa arte torna-se uma ciência, muito profunda mesmo, quando se quer encontrar os princípios dessas combinações e as razões dos afetos que elas nos provocam. Aristides Quintiliano assim definiu a *música*: a arte do belo e da decência nas vozes e nos movimentos. Não é surpreendente que, com definições tão vagas e tão gerais, os antigos tenham dado uma extensão prodigiosa à arte que assim definiam.

Supõe-se comumente que a palavra *música* venha de *musa*, pois se crê que as Musas tenham inventado essa arte: mas Kircher,[72] segundo Diodoro,[73] associa esse nome a uma palavra egípcia, propondo haver sido no Egito que a *música* começou a se restabelecer depois do dilúvio, e que se recebeu a primeira ideia do som que produziam os juncos que crescem nas margens do Nilo, quando o vento soprava em seus tubos. Seja qual for a etimologia do nome, a origem da arte está certamente muito próxima do homem, e, se a palavra não começou com o canto, certo é que, pelo menos, canta-se em toda parte em que se fala.

A *música* divide-se naturalmente em *música teórica* ou *especulativa* e em *música prática*.

---

72 Athanasius Kircher (1601-1680), filósofo e matemático alemão, autor de *Musurgia Universalis* (1650).

73 Diodoro de Tiro (século II), filósofo grego.

*Dicionário de música*

A *música* especulativa é, se é que assim se pode dizer, o conhecimento da matéria musical, isto é, das diferentes relações entre o grave e o agudo, o rápido e o lento, o áspero e o doce, o forte e o fraco, das quais os sons são suscetíveis; relações que, compreendendo todas as combinações possíveis da música e dos sons, parecem compreender também todas as causas das impressões que sua sucessão pode fazer sobre o ouvido e sobre a alma.

A *música* prática é a arte de aplicar e colocar em uso os princípios da especulativa, isto é, de conduzir e dispor os sons em relação à consonância, à duração, à sucessão, de tal modo que o todo produza sobre o ouvido o efeito que se intentava obter: é a essa arte que se chama de *composição* (Ver essa entrada). Com relação à produção atual dos sons por meio das vozes ou dos instrumentos, à qual se chama de *execução*, é a parte puramente mecânica e operativa que, supondo somente a faculdade de entoar com exatidão os intervalos, de marcar corretamente as durações, de dar aos sons o grau prescrito no tom, e o valor prescrito no tempo, demanda, a rigor, apenas o conhecimento dos caracteres da *música* e o hábito de exprimi-los.

A *música* especulativa divide-se em duas partes, a saber: o conhecimento da relação entre os sons ou de seus intervalos, e aquele de suas durações relativas, isto é, do compasso e do tempo.

A primeira parte é propriamente aquela que os antigos chamaram de *música harmônica*. Ela ensina em que consiste a natureza do canto e assinala o que é consonante, dissonante, agradável ou desagradável na modulação. Ela faz conhecer, em uma palavra, as diversas maneiras por meio das quais os sons afetam os ouvidos pelo seu timbre, pela sua força, por seus intervalos; o que se aplica igualmente à sua afinação e à sua sucessão.

A segunda parte foi chamada de *rítmica*, pois trata dos próprios sons em consideração ao tempo e à quantidade. Ela contém a explicação do *ritmo*, do *metro*, dos *compassos* longos e curtos, vivos e lentos, dos tempos e das diversas partes em que as dividimos para nelas aplicar a sucessão dos sons.

A *música prática* também se divide em duas partes, as quais correspondem às duas precedentes.

Aquela que corresponde à *música harmônica*, e que os antigos chamavam de *melopeia*, contém as regras para combinar e variar os intervalos consonantes e dissonantes de uma maneira agradável e harmoniosa (Ver MELOPEIA).

A segunda, que corresponde à *música rítmica*, e que eles [os antigos] chamavam de *ritmopeia*, contém as regras para a aplicação dos tempos, dos pés, dos compassos; em uma palavra, para a prática do ritmo (Ver RITMO).

Porfírio[74] apresenta outra divisão da *música*, considerando o fato de que ela tem por objeto o movimento mudo ou sonoro e, sem a distinguir em especulativa e prática, ele encontra as seis partes seguintes: a *rítmica*, para os movimentos da dança; a *métrica*, para a cadência e o número dos versos; a *orgânica*, para a prática dos instrumentos; a *poética*, para os tons e o acento da poesia; a *hipocrítica*, para as atitudes das pantomimas; e a *harmônica*, para o canto.

Atualmente, a *música* divide-se de forma mais simples em *melodia* e *harmonia*; pois a rítmica não é mais nada para nós e a métrica é muito pouca coisa, já que nossos versos, no canto,

---

74 Aluno de Longino e biógrafo de Plotino, com o qual também estudou, Porfírio (c. 234-c. 301) comentou a obra de Ptolemeu intitulada *Harmônico*.

*Dicionário de música*

tomam quase unicamente a sua medida da *música*, e perdem o pouco de medida que tinham por si mesmos.

Por meio da melodia, dirige-se a sucessão de sons de maneira a produzir cantos agradáveis (Ver MELODIA, CANTO, MODULAÇÃO).

A harmonia consiste em unir a cada um dos sons de uma sucessão regular dois ou vários outros sons que, por meio de seu concurso, agradam o ouvido ao atingirem-no ao mesmo tempo (Ver HARMONIA).

Poder-se-ia e, talvez, dever-se-ia, ainda, dividir a *música* em *natural* e *imitativa*. A primeira, limitada somente à física dos sons e agindo apenas sobre os sentidos, não leva de nenhuma maneira essas impressões até o coração, e só pode proporcionar sensações mais ou menos agradáveis. Tal é a música das canções, dos hinos, dos cânticos, de todos os cantos que são apenas combinações de sons melodiosos e, em geral, toda música que é apenas harmoniosa.

A segunda, mediante inflexões vivas, acentuadas e, por assim dizer, expressivas, exprime todas as paixões, pinta todos os quadros, traduz todos os objetos, submete a natureza inteira às suas sábias imitações e assim leva, até o coração do homem, sentimentos próprios para comovê-lo. Essa *música* verdadeiramente lírica e teatral era aquela dos antigos poemas e, nos nossos dias, é a que nos esforçamos por aplicar aos dramas com canto que executamos em nossos teatros. É somente nessa *música*, e não na harmônica ou natural, que se deve buscar a razão dos efeitos prodigiosos que ela produziu outrora. Enquanto procurarmos efeitos morais apenas na física dos sons, absolutamente não os encontraremos, e raciocinaremos sem que nos entendamos.

Os antigos escritores divergem bastante acerca da natureza, do objeto, da extensão e das partes da *música*. Em geral, eles davam a essa palavra um sentido muito mais extenso que este que lhe resta hoje em dia. Sob a designação de *música* eles compreendiam não só a dança, o gesto, a poesia, como acabamos de ver, mas também a coleção de todas as ciências. Hermes assim definiu a *música*: o conhecimento da ordem de todas as coisas. Assim eram a doutrina da escola de Pitágoras e aquela de Platão, os quais ensinavam que tudo no universo era *música*. Segundo Hesychius,[75] os atenienses davam a todas as artes o nome de *música*; e tudo isso não é mais surpreendente desde que um músico moderno encontrou na *música* o princípio de todas as relações e o fundamento de todas as ciências.[76]

Daí todas estas *músicas* sublimes sobre as quais nos falam os filósofos: *música* divina, *música* dos homens, *música* celeste, *música* mundana, *música* ativa, *música* contemplativa, *música* enunciativa, intelectiva, oratória etc.

É a partir dessas vastas ideias que se devem entender muitas passagens dos antigos sobre a *música*, as quais seriam ininteligíveis se comparadas aos sentidos que atualmente damos a essa palavra.

Parece que a *música* foi uma das primeiras artes: encontra-se misturada entre os mais antigos monumentos do gênero humano. É bastante verossímil, ainda, que a *música* vocal tenha sido encontrada antes da instrumental, se é que houve mesmo entre os antigos uma música verdadeiramente instrumental,

---

75 Hesychius (por volta do final do século IV), gramático natural de Alexandria.
76 Provável referência irônica à figura de Rameau.

*Dicionário de música*

isto é, feita unicamente para os instrumentos. Antes de terem encontrado algum instrumento, os homens não só devem ter feito observações sobre os diferentes tons de sua voz, mas devem ter aprendido bem cedo, por meio do concerto natural dos pássaros, a modificar sua voz e sua garganta de uma maneira agradável e melodiosa. Depois disso, os instrumentos de sopro devem ter sido os primeiros inventados. Diodoro e outros autores atribuem a sua invenção à observação do silvo dos ventos nos juncos ou outros tubos das plantas. É este também o sentimento de Lucrécio.[77]

> *At liquidas avium voces imitarier ore*
> *Ante fuit multo, quam levia carmina cantu*
> *Concelebrare homines possint, aureisque juvare;*
> *Et Zephyri cava per calamorum sibila primum*
> *Agresteis docuere cavas inflare cicutas.*[78]

Com relação a outros tipos de instrumentos, as cordas sonoras são tão comuns que delas os homens devem ter observado bem cedo os diferentes tons; o que originou os instrumentos de cordas (Ver CORDA).

---

77 Titus Lucretius Carus (c. 94/96-c. 55/51 a.C.), ou Tito Lucrécio Caro (em português), poeta e pensador latino.

78 *De rerum natura*, Livro V, versos 1380-1385: "Muito antes de poderem os homens celebrar com um canto os versos harmoniosos e alegrar os ouvidos, imitaram-se com a boca as vozes límpidas das aves. E os silvos dos Zéfiros passando pelo oco dos cálamos ensinaram os lavradores a tirar os primeiros sons das escavadas canas". Cf. Lucrécio, *Da Natureza das coisas*. Trad. Agostinho da Silva. São Paulo: Abril Cultural, 1980, p.114.

*111*

Os instrumentos nos quais se bate para deles tirar som, como os tambores e os tímpanos, devem sua origem ao ruído surdo que produzem os corpos ocos quando neles batemos. É difícil sair dessas generalidades para constatar algum fato acerca da invenção da *música* reduzida à arte. Sem remontar para além do dilúvio, muitos antigos atribuem essa invenção a Mercúrio, bem como a da lira.[79] Outros querem que os gregos lhe

---

79 *Hino homérico a Hermes*: "[...] tão logo saltou do seio imortal da mãe, / não ficou muito tempo em repouso no sagrado berço; / mas, num salto, saiu em busca dos bois de Apolo, / transpondo a soleira da gruta de elevado teto. / Ao encontrar aí uma tartaruga, conseguiu imensa prosperidade: / Hermes foi o primeiro a fazer da tartaruga um cantor. / Foi quando ela surgiu-lhe à entrada do pátio, / pascendo, defronte à morada, viçosa erva, / a mover gingante as patas. O benfazejo filho de Zeus / sorriu, com o olhar atento, e em seguida pôs-se a falar: / 'É um trunfo de grande valor! Não devo desprezá-lo! / Salve, amável beldade, cadência da dança, colega de festim, / bem-vinda aparição! De onde saiu este belo brinquedo? / És uma carcaça furta-cor, tartaruga que vive nos montes! / Vou pegar-te e levar para casa; uma certa serventia terás para mim, / não farei pouco de ti. E serás tu a primeira a servir-me. / É melhor ficar em casa, pois além da porta é nocivo. / Sim, de fato, proteção contra feitiços maléficos serás / em vida; mas, se morresses, poderias cantar bem bonito!' / Assim, então, falou e, tomando-a com as duas mãos, / voltou para dentro da casa, levando o amável brinquedo. / Lá virou-a de costas e com um ponteiro de ferro fosco / escavou a medula da tartaruga montês. [...] Cortou, então, na medida, hastes de caniço e fixou-as / ao longo dorso, prendendo as pontas no casco da tartaruga. / Com sua perícia, estendeu em volta uma pele de boi, / colocou dois braços, por cima ajustando uma trave, / e estendeu sete afinadas cordas de tripas de ovelhas. / Depois que fabricou, diligente, o amável brinquedo, / com um plectro fez vibrar cada parte; em suas mãos, ela [a "lira", "cítara", ou "fórminx"] / ressoou

*Dicionário de música*

sejam devedores a Cadmo que, salvando-se da corte do rei da Fenícia, trouxe para a Grécia a musicista Hermione ou Harmonia; do que se poderia concluir que essa arte era conhecida na Fenícia antes de Cadmo. Em uma passagem do diálogo de Plutarco sobre a *música*,[80] Lysias[81] diz que foi Anfion quem a inventou; em outra, Sotericus[82] diz que foi Apolo; em outra, ainda, parece que ele faz honra a Olimpo: pouco se concorda a respeito de tudo isso e isso também não importa muito. A esses primeiros inventores sucederam Quiron, Demódoco, Hermes, Orfeu, o qual, segundo alguns, inventou a lira. Depois destes vieram Femius, depois Terpandro, contemporâneo de Licurgo[83] e que deu regras para a *música*. Algumas pessoas lhe atribuem a invenção dos primeiros modos. Enfim, acrescentam-se Tales[84] e Thamiris,[85] do qual se diz ter sido o inventor da *música* instrumental.

---

formidável [...]." Cf. Maria Celeste C. Dezzoti; Sílvia M. S. Carvalho, Hermes, trickster e mensageiro dos deuses – H. Hom. 4: A Hermes. Trad. Maria Celeste C. Dezotti. In: Wilson Alves Ribeiro Junior. (Ed./Org.). *Hinos Homéricos* – tradução, notas e estudo. São Paulo: Editora Unesp, 2010, p.406-10.

80 A obra que Rousseau parece referir aqui é aquela que se intitula *Tratado de música*, cuja autoria, segundo Pierre Saby, "foi discutida no século XVIII e, hoje em dia, parece mais que incerta". Cf. P. Saby, Notices sur les noms propres cités par Rousseau. In: Claude Dauphin (Ed.), *Le Dictionnaire de musique de Jean-Jacques Rousseau: une édition critique*, op. cit., p.856.

81 Lysias (ca. 440-ca. 360 a.C.), músico grego.

82 Sotericus (século V-IV a.C.), músico grego.

83 Licurgo (século IX-VIII a.C.), legislador espartano.

84 Tales (por volta do século IX a.C.), poeta e músico cretense.

85 Thamiris (século XIV a.C.), poeta e músico trácio pré-homérico.

A maior parte desses grandes músicos viveu antes de Homero. Outros mais modernos são Lasus de Hermione,[86] Melnípides,[87] Filoxeno,[88] Timóteo,[89] Frynis,[90] Epigonius,[91] Lisandro,[92] Simicus[93] e Diodoro [de Tiro], todos eles aperfeiçoaram consideravelmente a *música*.

Lasus, como se afirma, foi o primeiro que escreveu sobre essa arte, no tempo de Dario Hystaspes.[94] Epigônio inventou o instrumento de quarenta cordas que levava seu nome. Símico inventou também um instrumento de trinta e cinco cordas chamado de *simmicium*.

Diodoro aperfeiçoou a flauta e acrescentou-lhe novos orifícios, e Timóteo aperfeiçoou a lira, acrescentando-lhe uma nova corda, o que lhe rendeu uma punição dos lacedemônios.

Como os antigos autores explicam-se de modo bastante obscuro com relação aos inventores de instrumentos de *música*, eles também são muito obscuros no que se refere aos próprios instrumentos. Deles mal conhecemos outra coisa além dos nomes (Ver INSTRUMENTO).

---

86 Laso de Hermione (século VI a.C.), teórico da música, poeta lírico grego e compositor de ditirambos.

87 Melnípides ou Menalipides (século V a.C.), poeta lírico e músico grego.

88 Filoxeno (c. 435-380 a.C.), poeta e músico grego.

89 Timóteo de Mileto (c. 450-c. 360 a.C.), compositor e cantor grego.

90 Phrynis (? - c. 420 a.C.), músico grego.

91 Epigônio (por volta do século V a.C.), músico grego, inventor de um instrumento de cordas que leva o seu nome.

92 Lisandro (?-?), citaredo grego.

93 Símico (?-?) foi um "músico grego pós-homérico", inventor de um instrumento chamado *Simmicium*.

94 Dario I Hystaspes (c. 550-486 a.C.), proclamado rei da Pérsia em 523.

*Dicionário de música*

A *música* era objeto da mais alta estima entre diversos povos da Antiguidade, sobretudo entre os gregos, e essa estima era condizente com o poder e os efeitos surpreendentes que eles atribuíam a essa arte. Seus autores não cuidavam em nos apresentar uma noção muito ampla sobre ela, quando nos dizem que era usada no céu e que proporcionava o divertimento principal dos deuses e das almas dos bem-aventurados. Platão não teme dizer que não se pode fazer alguma modificação na *música* sem que haja uma na constituição do Estado;[95] e defende que é possível determinar os sons capazes de fazer nascer a baixeza da alma, a insolência e as virtudes contrárias. Aristóteles, que parece ter escrito sua política somente para opor seus sentimentos aos de Platão, concorda com ele, no entanto, relativamente ao poder da *música* sobre os costumes. O judicioso Políbio[96] nos diz que a *música* era necessária para abrandar os costumes dos arcádios que habitavam um país onde o ar é triste e frio; que aqueles de Cinete, os quais negligenciaram a *música*, ultrapassaram em crueldade todos os gregos, e que não há nenhuma cidade onde se tenha visto tantos crimes. Atenæus assegura-nos que outrora todas as leis divinas e humanas, as exortações à virtude, o conhecimento do que concernia aos deuses e aos heróis, as vidas e as ações dos homens ilustres eram escritos em versos e cantados publicamente por coros ao som dos instru-

---

95 *A República*, Livro IV, 424c. "É preciso muito cuidado ao introduzir um novo gênero de música, pois isso seria muito perigoso. Em lugar algum, mudam-se os modos da música sem mudança nas leis mais importantes da cidade [...]." Cf. Platão. *A República — ou sobre a justiça, diálogo político*. Trad. Anna Lia Amaral de Almeida Prado. Revisão técnica e introdução Roberto Bolzani Filho. São Paulo: Martins Fontes, 2006, p.141-2.

96 Políbio (c. 200-c.120 a.C.), historiador grego.

mentos; e vemos, pelos nossos livros sagrados, que tais eram, desde os primeiros tempos, as práticas dos israelitas. Não se tinha de modo algum encontrado meio mais eficaz para gravar no espírito dos homens os princípios da moral e o amor à virtude; ou, antes, tudo isso não era absolutamente o efeito de um meio premeditado, mas sim da grandeza de sentimentos e da elevação das ideias que procuravam formar-se, mediante acentos proporcionados, uma linguagem digna delas.

A *música* fazia parte do estudo dos antigos pitagóricos. Eles se serviam dela para excitar o coração a ações louváveis e para se inflamar do amor à virtude. Segundo esses filósofos, nossa alma era, por assim dizer, formada apenas de harmonia, e eles acreditavam restabelecer, mediante a harmonia sensual, a harmonia intelectual e primitiva das faculdades da alma; isto é, aquela que, segundo eles, nela existia antes que ela animasse nossos corpos, quando habitava os céus.

Atualmente, a *música* decaiu desse grau de poder e de majestade, a ponto de nos fazer duvidar da verdade das maravilhas que ela operava antigamente, ainda que atestadas pelos historiadores mais judiciosos e pelos mais sérios filósofos da Antiguidade. Entretanto, encontram-se na história moderna alguns fatos semelhantes. Se Timóteo excitava os furores de Alexandre com o auxílio do modo frígio e os acalmava com o modo lídio, uma *música* mais moderna ia ainda mais longe, ao excitar, segundo dizem, em Eric, rei da Dinamarca, um tal furor que ele matava seus melhores servos. Sem dúvida, esses infelizes eram menos sensíveis à *música* que seu príncipe; de outro modo ele teria sido exposto à metade do perigo. D'Aubigny[97] narra uma outra histó-

---

97 Agrippa D'Aubigny (1552-1630), poeta protestante francês.

# Dicionário de música

ria muito parecida àquela de Timóteo. Ele diz que, sob o reinado de Henrique III, o músico Claudin, tocando no modo frígio nas bodas do duque de Joyeuse,[98] animou não o rei, mas um cortesão que se esqueceu de si mesmo até o ponto de pôr a mão nas armas na presença de seu soberano; mas o músico se apressou em acalmá-lo ao empregar o modo hipofrígio. Isso é dito com toda segurança, como se o músico Claudin pudesse saber exatamente em que consistiam os modos frígio e o hipofrígio.

Se nossa *música* tem pouco poder sobre as afecções da alma, em contrapartida ela é capaz de agir fisicamente sobre os corpos; é testemunha a história da tarântula, por demais conhecida para que dela se fale aqui; assim como o testemunho desse cavalheiro gascão que, ao som de uma cornamusa, não podia reter sua urina, sobre o qual fala Boyle,[99] ao que se deve acrescentar o que narra o mesmo autor a respeito dessas mulheres que se desfaziam em lágrimas quando ouviam um certo tom pelo qual o resto dos auditores não era absolutamente afetado: e conheço, em Paris, uma mulher de condição, a qual não pode escutar qualquer *música* que seja sem ser tomada por um riso involuntário e convulsivo. Lê-se, também, na História da Academia das Ciências de Paris, que um músico foi curado de uma violenta febre por um concerto executado em seu quarto.

Os sons agem mesmo sobre os corpos inanimados, como se vê pela vibração e ressonância de um corpo sonoro ao som de outro, com o qual ele é afinado em uma certa relação.

---

98 Anne Joyeuse, vulgo Duque de Joyeuse (1561-1587), almirante de França.
99 Robert Boyle (1626-1691), erudito inglês, fundador da instituição que viria a ser a Sociedade Real de Londres.

Morhoff[100] faz menção a um certo Petter Hollandais,[101] o qual estilhaçava um copo com o som de sua voz. Kircher fala de uma grande pedra que se agitava ao som de um tubo de órgão. O padre Mersenne fala também de uma espécie de ladrilho que o registo do órgão abalava como teria feito um terremoto. Boyle acrescenta que as estalas amiúde estremecem ao som dos órgãos; sentiu-as estremecer sob sua mão ao som do órgão ou da voz e lhe foi assegurado que as que eram bem-feitas tremiam com algum tom determinado. Todo mundo ouviu falar do famoso pilar de uma igreja de Reims que se abala sensivelmente ao som de um sino, ao passo que os outros pilares permanecem imóveis; mas o que rouba do som a honra do maravilhoso é o fato de que esse mesmo pilar se abala igualmente quando o badalo do sino é retirado.

Todos esses exemplos, dos quais a maior parte pertence mais ao som que à *música*, e dos quais a física pode dar alguma explicação, não nos tornam absolutamente mais inteligíveis nem mais verossímeis os efeitos maravilhosos e quase divinos que os antigos atribuem à *música*. Vários autores afligiram-se para tentar explicar a sua razão. Wallis[102] os atribui, em parte, à novidade da arte, e os rejeita, em parte, por conta do exagero dos autores. Outros os atribuem somente à poesia. Outros supõem que os gregos, mais sensíveis que nós em virtude da constituição de seu clima ou por causa de sua maneira de viver, podiam ser comovidos por coisas que não nos teriam tocado de modo algum. O sr. Burette, mesmo aceitando todos esses fatos, afirma que eles não provam de maneira alguma a perfeição da

---

100 Daniel Georg Morhoff (1639-1691), poeta e erudito alemão.
101 Petter (segunda metade do século XVII), cantor holandês.
102 John Wallis (1616-1703), matemático inglês.

*música* que os produziu: nisto nada viu que aldeões arranhadores de instrumentos não poderiam ter feito, segundo ele, tão bem como os primeiros músicos do mundo.

A maior parte desses sentimentos está fundada na firme convicção que temos acerca da excelência da nossa *música* e no desprezo que temos pela dos antigos. Mas será que, assim como defendemos, esse desprezo é tão bem fundado? É isso que foi examinado muitas vezes e que, considerando a obscuridade da matéria e a incapacidade dos juízes, teria grande necessidade de sê-lo melhor. De todos os que se envolveram até aqui nesse exame, Vossius,[103] em seu tratado *De virbus cantus et rhythmi*, parece ser aquele que melhor discutiu a questão e o mais próximo da verdade. Lancei a esse respeito algumas ideias em outro escrito ainda não publicado, no qual minhas ideias serão mais bem colocadas do que nesta obra, a qual não é feita para deter o leitor na discussão de minhas opiniões.[104]

Desejou-se muito ver alguns fragmentos de *música* antiga. Acerca disso o padre Kircher e o sr. Burette trabalharam para contentar a curiosidade do público. Para aproximá-lo mais das condições de aproveitar os esforços deles, transcrevi, na prancha C,[105] dois trechos de *música* grega traduzidos em notação moderna por esses autores. Mas quem ousará julgar a *música* antiga a partir de tais exemplos? Eu os suponho fiéis. Quero mesmo que aqueles que desejariam julgá-los conheçam sufi-

---

103 Isaacus Vossius (1618-1688), filósofo e filólogo holandês.

104 A alusão de Rousseau a "outro escrito ainda não publicado" remete o leitor familiarizado com sua obra ao *Ensaio sobre a origem das línguas*, provavelmente escrito entre 1753 e 1763, porém publicado apenas em 1781, três anos após a morte do filósofo genebrino.

105 Ver Anexo (p.179), prancha III, figuras 2 e 3.

cientemente o gênio e o acento da língua grega: que reflitam sobre o fato de que um italiano é juiz incompetente de uma ária francesa, um francês não entende absolutamente nada sobre a melodia italiana; em seguida, que comparem os tempos e os lugares e que se pronunciem, se ousarem fazê-lo.

Para colocar o leitor em condição de julgar os diversos acentos musicais dos povos, transcrevi também na prancha[106] uma melodia chinesa extraída do padre Du Halde,[107] uma melodia persa[108] extraída do Chevalier Chardin[109] e duas canções de selvagens da América[110] extraídas do padre Mersenne. Em todas essas peças, encontrar-se-á uma conformidade de modulação com a nossa música, que a uns poderá fazer admirar a bondade e a universalidade de nossas regras, e a outros talvez torne suspeita a inteligência ou a fidelidade daqueles que nos transmitiram essas melodias.

Acrescentei na mesma prancha[111] a célebre *Ranz-des-Vaches*, essa ária tão estimada pelos suíços que, sob pena de morte, foi proibida de ser executada nas suas tropas, pois fazia prorromper em lágrimas, desertar ou morrer aqueles que a escutavam, de tanto que neles excitava o ardente desejo de rever o seu país. Nessa melodia, em vão procurar-se-iam os acentos enérgicos capazes de produzir efeitos tão surpreendentes. Esses efeitos,

---

106 Ver Anexo (p.179), prancha III, figura 4.
107 Jean-Baptiste Du Halde (1674-1749), jesuíta e etnógrafo francês.
108 Ver Anexo (p.180), prancha IV, figura 1.
109 Jean Chardin, vulgo Chevalier Chardin (1643-1713), autor citado por Rousseau no primeiro e no quinto capítulos do *Ensaio sobre a origem das línguas*.
110 Ver Anexo (p.180), prancha IV, figura 2.
111 Ver Anexo (p.181), prancha VII, figura 6.

# Dicionário de música

que não sucedem aos estrangeiros, originam-se apenas do hábito, das lembranças, de mil circunstâncias que, evocadas com o auxílio dessa melodia por aqueles que a escutam, recordando-lhes seu país, seus antigos prazeres, sua juventude, e todos os seus modos de viver, excitam-lhes uma dor amarga por ter perdido tudo isto. A *música*, nesse caso, de maneira alguma opera precisamente como *música*, mas sim como signo memorativo.[112] Essa melodia, ainda que seja sempre a mesma, hoje em dia não produz os mesmos efeitos que produzia antes sobre os suíços; pois, tendo perdido o gosto de sua simplicidade original, não a lamentam mais quando se lhes recorda. Tanto é verdade que não é na sua ação física que se deve buscar os maiores efeitos dos sons sobre o coração humano.

A maneira como os antigos notavam sua *música* estava estabelecida sobre um fundamento muito simples, que era a relação de cifras; isto é, por intermédio das letras de seu alfabeto: mas em relação a essa ideia, em vez de limitar-se a um pequeno número de caracteres fáceis de reter, perderam-se em multidões de sinais diferentes, com os quais eles complicaram gratuitamente a sua *música*; de sorte que eles tinham tantos tipos de notação

---

112 "MEMORATIVO, VA [Mémoratif, ive] *adj.* Que se lembra, que tem memória de alguma coisa." (*Dicionário da Academia Francesa*, edição de 1762). A propósito desta afirmação de Rousseau, vale conferir o célebre comentário de Jean Starobinski, sobretudo a passagem em que este ressalta a capacidade inerente à música — leia-se determinada espécie de música, tal como o antigo "romance" — de fazer "sobrevir a dimensão do passado", ou a de despertar "a nostalgia daquilo que não pode ser revivido". Cf. Jean Starobinski, *Jean-Jacques Rousseau: a transparência e o obstáculo; seguido de Sete ensaios sobre Rousseau*. Trad. Maria Lúcia Machado. São Paulo: Companhia das Letras, 2011, p.125.

como gêneros e modos. Boécio retirou do alfabeto latino os caracteres correspondentes aos dos gregos. O papa Gregório aperfeiçoou seu método. Em 1024, Guido de Arezzo,[113] beneditino, introduziu o uso das pautas (Ver PAUTA); sobre as suas linhas ele fixou as notas em forma de pontos (Ver NOTAS), designando, por sua posição, a elevação ou a descensão da voz. Kircher, no entanto, defende que essa invenção é anterior a Guido; e de fato não vi nos escritos desse monge a indicação de que se atribua essa invenção: mas ele inventou a escala, e aplicou às notas de seu hexacorde os nomes tirados do Hino de São João Batista, que atualmente ainda conservam (Ver prancha G, figura 2).[114] Enfim, esse homem nascido para a *música* inventou diferentes instrumentos chamados de *polyplectra*, tais como o cravo, a espineta, a viela etc. (Ver ESCALA).

Segundo a opinião comum, os caracteres da *música* receberam seu último acréscimo considerável em 1330; tempo em que se diz que Jean de Muris, por alguns chamado inoportunamente de *Jean de Meurs* ou *de Muriâ*,[115] Doutor de Paris, ainda que Gesner[116] o torne inglês, inventou as diferentes figuras de notas que designam a duração ou a quantidade, e que, atualmente, nós chamamos de semibreves, mínimas, semínimas etc. Mas esse sentimento, embora muito comum, parece-me pouco fundamentado, a julgar pelo seu tratado de *música* intitulado

---

113 Guido D'Arezzo (c. 991-c.1033/50), monge beneditino e teórico italiano, é citado nos verbetes "Espaço", "Lá", "Nota", "Si", "Sol", "Solfejar", "Sobreagudas", "Valor das notas" e "Dó" ("Ut").

114 Ver Anexo (p.182), prancha X, figura 2.

115 Johannes Muris (c. 1290-c.1350), matemático e astrônomo francês.

116 Conrad Gesner (1516-1565), poliglota suíço, médico, filósofo e taxonomista.

# Dicionário de música

*Speculum Musicæ*, que tive a coragem de ler quase inteiro, a fim de nele encontrar a invenção que se atribui a esse autor. De resto, esse grande músico, como rei dos poetas, teve a honra de ser reclamado por diversos povos; pois os italianos também o pretendem de sua nação, aparentemente enganados por uma fraude ou um erro de Bontempi[117] que o diz *Perugino* em vez de *Parigino*. Como está dito acima, Lasus é ou parece ser o primeiro a escrever sobre a *música*: mas sua obra se perdeu, assim como vários outros livros dos gregos e dos romanos sobre o mesmo assunto. Aristóxeno, discípulo de Aristóteles e fundador de seita em *música*, é o mais antigo autor que nos resta nessa ciência. Depois dele veio Euclides de Alexandria.[118] Aristides Quintiliano escrevia após Cícero. Alypius[119] vem em seguida; depois Gaudêncio,[120] Nicômaco e Bacchius.[121]

Marcus Meibomius[122] legou-nos uma bela edição desses sete autores gregos com a tradução latina e notas.

Plutarco escreveu um diálogo sobre a *música*. Ptolemeu, célebre matemático, escreveu, em grego, os princípios da harmonia,

---

117 Giovanni Andrea Angelini, vulgo Bontempi (c.1624-1705), compositor e musicógrafo italiano.

118 Euclides de Alexandria (c. 300 a.C.), matemático e filósofo grego.

119 Alipius (século IV), autor de uma *Introdução à música*, a qual, segundo Claude Dauphin, encontrava-se "disponível nas bibliotecas parisienses do século XVIII". Cf. C. Dauphin, op. cit., p.813.

120 Gaudentius (século IV a.C.), teórico grego.

121 Bacchius, o Velho (século IV), teórico grego.

122 Marcus Meibomius, ou Meibom (1620 ou 1621-1710), musicógrafo e erudito dinamarquês. Segundo Dauphin, foi na compilação musicográfica de Meibomius que Rousseau examinou as teorias de Aristóxenes, Euclides, Aristides Quintiliano, Alípio, Gaudêncio, Nicômaco e as de Bacchius, o Velho. Cf. C. Dauphin, op. cit., p.848.

no tempo do imperador Antonino. Esse autor mantém uma posição intermediária entre os pitagóricos e os aristoxenistas. Muito tempo depois, Manuel Briênio[123] também escreveu sobre o mesmo assunto.

Entre os latinos, Boécio escreveu no tempo de Teodorico; e não distante da mesma época, Martianus,[124] Cassiodoro[125] e Santo Agostinho.

Os modernos são muito numerosos. Os mais conhecidos são: Zarlino,[126] Salinas,[127] Valgulio,[128] Galilei,[129] Mei,[130]

---

123 Manuel Briênio (século XIV), teórico da música, matemático e astrônomo bizantino.

124 Trata-se, aqui, de Martianus Capella. Cf. nota à epígrafe deste *Dicionário de música*.

125 Magno Aurélio Cassiodoro (c. 485/7-c. 580), estadista romano. Assim como Boécio, Cassiodoro também foi conselheiro de Teodorico, o Grande.

126 Giuseppe Zarlino (1517-1590), compositor e teórico italiano.

127 Francisco Salinas (1513-1590), teórico da música espanhol e matemático.

128 Carlo Valgulio (c. 1440-1498). Verteu para o latim o tratado *Da música*, atribuído a Plutarco. Sobre o trabalho de Valgulio a partir do texto de Pseudo-Plutarco, cf. Carla Bromberg, *Vincenzo Galilei contra o número sonoro*. São Paulo: Educ/Livraria da Física Editorial: Fapesp, 2011, p.40 ss.

129 Vincenzo Galilei (1520?/33?-1591), pai de Galileo Galilei, foi alaudista, compositor e teórico. De acordo com Zwilling, o pai de Galileo foi "um músico membro da 'Camerata Fiorentina' de Bardi — uma academia informal em que literatura, ciência e artes foram discutidas e música nova foi executada". Cf. Carin Zwilling, *To the Muses*: Nine Galliards by Vincenzo Galilei. *Lute Society of America Quarterly* (LSA), v.42, n.2, 2007, p.20.

130 Girolamo Mei (1519-1594), nascido em Florença, foi humanista e historiador da música grega.

*Dicionário de música*

Doni,[131] Kircher, Mersenne, Parran,[132] Perrault,[133] Wallis, Descartes, Holder,[134] Mengoli,[135] Malcolm,[136] Burette, Valloti;[137] enfim, o sr. Tartini, cujo livro está cheio de profundidade, gênio, prolixidades e obscuridade; e o sr. Rameau, cujos escritos têm de singular o fato de que fizeram uma grande fortuna sem que ninguém os tenha lido. Essa leitura, aliás, tornou-se absolutamente supérflua depois que o sr. d'Alembert deu-se ao trabalho de explicar ao público o sistema do baixo fundamental, a única coisa útil e inteligível que se encontra nos escritos desse músico.

**MÚSICO**. *s.m.* Atribui-se esse nome tanto àquele que compõe música quanto àquele que a executa. O primeiro também se chama *compositor*. Ver essa palavra.

Os antigos músicos eram poetas, filósofos, oradores de primeira ordem. Tais eram Orfeu, Terpandro, Estesícoro, entre outros. Por isso, Boécio não quer honrar com o nome de músico àquele que pratica a música somente pelo ministério servil dos dedos e da voz; mas àquele que adquire essa ciência por

---

131 Giovanni Battista Doni (1594-1647), filólogo e teórico da música italiano.

132 Antoine Parran (c.1587-1650), teórico e compositor francês.

133 Claude Perrault (1613-1688), médico e escritor francês.

134 William Holder (1614-1697), sub-capelão do rei da Inglaterra, estudioso da física e da matemática aplicadas à música.

135 Pietro Mengoli (1625-1686), geômetra, matemático e teórico da música italiano.

136 Alexander Malcolm (1687-1763), musicógrafo escocês.

137 Francesco Antonio Valloti (1697-1780), franciscano e compositor italiano.

meio do raciocínio e da especulação. Ademais, parece que, para se elevar às grandes expressões da música oratória e imitativa, seria necessário ter feito um estudo particular das paixões humanas e da linguagem da natureza. Todavia, os *músicos* de nossos dias, em sua maior parte limitados à prática das notas e de certas exibições de canto, não se ofenderão muito, penso eu, quando não forem considerados grandes filósofos.

**ÓPERA.** *s.f.* Espetáculo dramático e lírico em que se esforça por reunir todos os charmes das belas-artes na representação de uma ação apaixonada, para excitar, com a ajuda das sensações agradáveis, o interesse e a ilusão.

As partes constitutivas de uma *ópera* são o poema, a música e o cenário.[138] Por meio da poesia fala-se ao espírito, por meio da música, ao ouvido, por meio da pintura, aos olhos; e o todo deve reunir-se para comover o coração e até ele levar, a um só tempo, a mesma impressão, por intermédio de diversos órgãos. Dessas três partes, meu objeto só me permite considerar a primeira e a última, pela relação que elas podem ter com a segunda; portanto, passo imediatamente a esta.

A arte de combinar de maneira agradável os sons pode ser considerada sob dois aspectos muito diferentes. Considerada como uma instituição da natureza, a música limita seu efeito à sensação e ao prazer físico que resulta da melodia, da harmonia

---

138 No original, "décoration": "Chama-se de *cenário* [*décoration*], em se tratando do teatro, a representação que nele se vê dos lugares em que se supõe ocorrer a ação. *Os cenários* [*décorations*] *de certa ópera são belos. Pegou fogo nos cenários* [*décorations*]." (*Dicionário da Academia Francesa*, 1762).

# Dicionário de música

e do ritmo: tal é ordinariamente a música da igreja; tais são as árias para dançar e aquelas das canções. Mas como parte essencial da cena lírica, cujo objeto principal é a imitação, a música torna-se uma das belas-artes, capaz de pintar todos os quadros, de excitar todos os sentimentos, de lutar com a poesia, de dar-lhe uma força nova, de embelezá-la com novos charmes e de triunfar ao coroá-la.

Os sons da voz falada são inapreciáveis, pelo fato de que não são contínuos nem harmônicos e não podem, consequentemente, aliar-se de maneira agradável àqueles da voz cantada e dos instrumentos, pelo menos nas nossas línguas, muito afastadas do caráter musical; pois não saberíamos ouvir as passagens dos gregos sobre a sua maneira de recitar, a não ser supondo sua língua de tal maneira acentuada que as inflexões do discurso na declamação sustentada formassem entre si intervalos musicais e apreciáveis: dessa maneira, pode-se dizer que suas peças de teatro eram espécies de *ópera*; e é por isso mesmo que entre eles não podia haver *ópera* propriamente dita.

Por conta da dificuldade de unir o canto ao discurso nas nossas línguas, é fácil sentir que a intervenção da música como parte essencial deve dar ao poema lírico um caráter diferente daquele da tragédia e da comédia, e dele fazer uma terceira espécie de drama, que tem as suas regras particulares: mas essas diferenças não podem ser determinadas sem um perfeito conhecimento da parte acrescentada, dos meios de uni-la à palavra e de suas relações naturais com o coração humano: detalhes que competem menos ao artista que ao filósofo, e que se deve deixar a uma pena feita para esclarecer todas as artes, para mostrar os princípios de suas regras àqueles que as professam e aos homens de gosto as fontes de seus prazeres.

*Jean-Jacques Rousseau*

Limitando-me, portanto, a algumas observações mais históricas que raciocinadas sobre esse assunto, observarei, em primeiro lugar, que os gregos não tinham no teatro um gênero lírico assim como nós o possuímos, e que aquilo que eles chamavam por esse nome não se parecia absolutamente com o nosso: como eles tinham muito acento na sua língua e pouco barulho em seus concertos, toda a sua poesia era musical e toda a sua música era declamatória: de sorte que o seu canto era quase somente um discurso sustentado, e que eles cantavam realmente seus versos, como eles o anunciam no início de seus poemas; o que por imitação deu aos latinos, depois a nós, o ridículo hábito de dizer *eu canto*, quando não se canta de maneira alguma. Quanto ao que eles chamavam de gênero lírico em particular, era uma poesia heroica cujo estilo era pomposo e figurado, a qual era acompanhada da lira ou da cítara preferivelmente a todos os outros instrumentos. Certo é que as tragédias gregas eram recitadas de uma maneira muito parecida com o canto, que elas eram acompanhadas de instrumentos e que nelas introduziam coros.

Mas, se o que se pretende com isso é que essas fossem *óperas* semelhantes às nossas, deve-se então imaginar óperas sem árias; pois me parece provado que a música grega, sem mesmo excetuar a instrumental, era apenas um verdadeiro recitativo. É verdade que esse recitativo, que reunia o charme dos sons musicais a toda harmonia da poesia e a toda a força da declamação, devia ter muito mais energia que o recitativo moderno, que só pode dispor de uma de suas vantagens em detrimento das outras. Nas nossas línguas vivas, que se ressentem, em sua maior parte, da rudeza do clima de que são originárias, a aplica-

*Dicionário de música*

ção da música à palavra é muito menos natural. Uma prosódia incerta acorda-se mal com a regularidade do compasso; sílabas mudas e surdas, articulações duras, sons pouco brilhantes e menos variados, dificilmente prestam-se à melodia; e uma poesia cadenciada unicamente pelo número de sílabas apresenta uma harmonia pouco sensível ao ritmo musical, e opõe-se sem cessar à diversidade de valores e movimentos. Essas são dificuldades que foi necessário vencer ou eludir na invenção do poema lírico. Tentou-se, então, por uma escolha de palavras, de rebuscamentos[139] e de versos, produzir uma língua própria; e essa língua, que se chamou de lírica, tornou-se rica ou pobre, na mesma proporção da doçura ou da rudeza daquela a partir da qual foi originada.

A palavra, ao ser preparada, por assim dizer, para a música, tratou-se em seguida de aplicar a música à palavra, e de torná-la tão conveniente à cena lírica, que o todo pôde ser considerado como um único e mesmo idioma; o que produziu a necessidade de cantar sempre para parecer que se falava sempre; necessidade que aumenta à medida que uma língua é pouco musical; pois, quanto menos a língua possui doçura e acento, mais a passagem alternativa da palavra ao canto e do canto à palavra torna-se dura e chocante para o ouvido. Daí a necessidade de substituir o discurso narrado por um discurso cantado que pu-

---

139 No *Dicionário da Academia Francesa* (edição de 1762), o termo *tour*, traduzido aqui por "rebuscamento" (e que também pode significar "floreio"), é definido, no contexto da "eloquência, da poesia, do estilo e do período", como a maneira por meio da qual alguém expressa "suas próprias ideias, e com a qual são dispostos os termos, quer seja falando, quer escrevendo".

*129*

## Jean-Jacques Rousseau

desse imitá-lo tão de perto que apenas a afinação dos acordes[140] o distinguisse da palavra (Ver RECITATIVO).

Essa maneira de unir a música à poesia no teatro, que entre os gregos bastava ao interesse e à ilusão, pois era natural, pela razão contrária não poderia bastar entre nós para o mesmo fim. Ao ouvir uma linguagem hipotética e forçada, temos dificuldade em conceber aquilo que nos querem dizer; com muito ruído, dão-nos pouca emoção: daí nasce a necessidade de trazer o prazer físico em socorro do [prazer] moral, e pela atração da harmonia suprir a energia da expressão. Assim, quanto menos se sabe comover o coração, mais é preciso saber agradar ao ouvido; e somos forçados a buscar na sensação o prazer que o sentimento nos recusa. Eis a origem das árias, dos coros, da sinfonia e dessa melodia encantadora, com a qual a música moderna frequentemente se embeleza em detrimento da poesia, mas que, no teatro, o homem de gosto rejeita, quando o bajulam sem o comover.

No nascimento da *ópera*, seus inventores, querendo disfarçar o que havia de pouco natural na união da música com o discurso na imitação da vida humana, lembraram-se de transportar a cena aos céus e aos infernos, e, à falta de saber como fazer os homens falarem, preferiram fazer cantar os deuses e diabos em vez dos heróis e pastores. Logo a magia e o maravilhoso tornaram-se os fundamentos do teatro lírico; contentou-se em se enriquecer com um novo gênero, não se pensou nem mesmo

---

140 O termo "acorde", nesta passagem, é empregado para designar "duas vozes que cantam juntas, para dois sons que se fazem ouvir ao mesmo tempo, quer seja em uníssono, quer em contrapartes". Verbete "Acorde", do *Dicionário de música* de Rousseau.

*Dicionário de música*

em indagar se esse era realmente aquele que tinha de ser escolhido. Para sustentar uma ilusão tão grande, foi necessário esgotar tudo o que a arte humana podia imaginar de mais sedutor em meio a um povo para o qual o gosto do prazer e das belas-artes reinava à porfia. Essa nação célebre, à qual nada mais resta de sua antiga grandeza senão a de suas ideias nas belas-artes, prodigalizou seu gosto, suas luzes, para dar a esse novo espetáculo todo o brilho de que necessitava. Por toda a Itália, vimos serem erguidos teatros iguais, em extensão, aos palácios dos reis, e, em elegância, aos monumentos da Antiguidade, dos quais estava repleta. Foram inventadas, para adorná-los, a arte da perspectiva e a da decoração. Em cada gênero, os artistas fizeram brilhar seus talentos à porfia. As máquinas mais engenhosas, os voos mais ousados, as tempestades, o raio, o relâmpago e todos os encantos da moldura foram empregados para fascinar os olhos, enquanto multidões de instrumentos e de vozes surpreendiam os ouvidos.

Com tudo isso a ação permanecia sempre fria e todas as situações careciam de interesse. Como não havia nenhuma intriga que não se desfizesse facilmente com a ajuda de algum deus,[141] o espectador, que conhecia todo o poder do poeta, com este contava tranquilamente quanto ao cuidado de tirar os seus heróis dos maiores perigos. Assim, o aparato era imenso e produzia pouco efeito, pois a imitação era sempre imperfeita e grosseira, a ação tomada fora da natureza era para nós sem

---

141 Nessa passagem, Rousseau refere-se ao *deus ex machina*, ou seja, a um artifício que se utilizava antigamente na tragédia grega e que consistia em fazer um deus aparecer subitamente para rematar uma ação de difícil desenlace.

interesse, e os sentidos prestam-se mal à ilusão quando o coração não se envolve; de sorte que, afinal de contas, teria sido difícil aborrecer uma assembleia a um preço tão alto.

Esse espetáculo, por mais imperfeito que fosse, por longo tempo causou a admiração dos contemporâneos, que não conheciam nenhum outro melhor. Eles até se felicitavam pela descoberta de um gênero tão belo: eis, diziam eles, um novo princípio acrescentado aos de Aristóteles; eis a admiração acrescentada ao terror e à piedade. Não percebiam que essa riqueza aparente era, no fundo, apenas um sinal de esterilidade, como as flores que cobrem os campos antes da colheita. À falta de saber comover, eles queriam surpreender, e de fato essa pretensa admiração era somente uma admiração pueril da qual deviam ter ruborizado. Um falso ar de magnificência, de magia e de encantamento deslumbrava-os, a tal ponto que falavam apenas com entusiasmo e respeito acerca de um teatro que merecia somente vaias; com a melhor fé do mundo, tinham tanta veneração pela própria cena como pelos assuntos quiméricos que nela se tentava representar: como se houvesse mais mérito em fazer falar insipidamente o rei dos deuses que o último dos mortais, e como se os valetes de Molière não fossem preferíveis aos heróis de Pradon.[142]

Embora os autores dessas primeiras *óperas* não tivessem outra finalidade que a de deslumbrar os olhos e aturdir os ouvidos, era difícil que o músico nunca fosse tentado a extrair de sua arte a expressão dos sentimentos esparsos no poema. As canções das ninfas, os hinos dos sacerdotes, os gritos dos guer-

---

142 Jacques Nicolas Pradon (1632-1698), dramaturgo francês.

*Dicionário de música*

reiros, os urros infernais não preenchiam tanto esses dramas grosseiros que neles não se encontrasse algum desses instantes de interesse e alguma situação em que o espectador só pede para se enternecer. Logo se começou a sentir que, independentemente da declamação musical, a qual muitas vezes a língua mal comportava, a escolha do movimento, da harmonia e dos cantos não era indiferente às coisas que se havia de dizer e que, consequentemente, o efeito da música sozinha, até então limitado aos sentidos, podia atingir o coração. A melodia, que havia no início se separado da poesia somente por necessidade, tirou proveito dessa independência para atribuir-se belezas absolutas e puramente musicais: a harmonia, descoberta ou aperfeiçoada, abriu-lhe novos caminhos para agradar e comover; e o compasso, livre do incômodo do ritmo poético, adquiriu também uma espécie de cadência à parte, que provinha apenas dele mesmo.

A música, tornando-se assim uma terceira arte de imitação, logo teve a sua linguagem, sua expressão, seus quadros, totalmente independentes da poesia. Até a sinfonia aprendeu a falar sem o recurso das palavras, e, frequentemente, da orquestra não saíam sentimentos menos vivos que da boca dos atores. É nesse momento que, começando a se desgostar de todo falso brilho da magia, do pueril barulho das máquinas e da fantasiosa imagem das coisas que nunca foram vistas, procurou-se, na imitação da natureza, quadros mais interessantes e mais verdadeiros. Até esse momento, a *ópera* tinha sido constituída como podia ser; pois que uso melhor podia se fazer no teatro de uma música que nada sabia pintar, senão empregá-la na representação das coisas que não podiam existir e sobre as quais ninguém estava em condição de comparar a imagem com o objeto? É impossível saber se somos afetados pela pintura do maravilhoso como o seríamos na sua presença; ao passo que todo homem pode julgar por si mesmo se o artista bem soube fazer falar às paixões a sua linguagem, e se os objetos da natureza são bem imitados. Assim, desde que a música aprendeu a pintar e a falar, os atrativos do sentimento fizeram com que logo se negligenciasse aqueles da moldura, o teatro foi expurgado do jargão da mitologia, o interesse foi substituído pelo maravilhoso, as máquinas dos poetas e dos carpinteiros foram destruídas, e o drama lírico assumiu uma forma mais nobre e menos gigantesca. Tudo aquilo que podia comover o coração foi empregado com sucesso; não foi mais necessário impressionar com seres de razão, ou melhor, de loucura, e os deuses foram expulsos da cena quando nela se soube representar homens. Essa forma mais sábia e mais regular mostrou-se, ainda, a mais apropriada à ilusão; percebeu-se que a obra-prima da música era fazer-se esquecer, que, lançando a desordem e a perturbação na alma do espectador, ela o impedia de distinguir os cantos ternos e patéticos de uma heroína lamurienta dos verdadeiros acentos da dor; e que Aquiles enfurecido podia congelar-nos de terror com a mesma linguagem que nos teria chocado, em outro tempo, vinda de sua boca.

Essas observações deram lugar a uma segunda reforma não menos importante que a primeira. Percebeu-se que na *ópera* não era necessário nada de frio e razoável, nada que o espectador pudesse ouvir com tranquilidade suficiente para refletir sobre o absurdo do que ouvia; e é nisto, sobretudo, que consiste a diferença essencial entre o drama lírico e a simples tragédia. Todas as deliberações políticas, todos os projetos de conspiração, as exposições, as narrativas, as máximas sentenciosas; em resumo, tudo o que fala somente à razão foi banido da

*Dicionário de música*

linguagem do coração, com os jogos de palavras, os madrigais e tudo o que é apenas pensamento. O próprio tom da simples galanteria, que se ajusta mal às grandes paixões, foi admitido apenas para dar estofo às situações trágicas, das quais ele quase sempre estraga o efeito: pois jamais percebemos melhor que o ator canta do que no momento em que ele diz uma canção.

A energia de todos os sentimentos e a violência de todas as paixões são, portanto, o objeto principal do drama lírico; e a ilusão que faz o seu encanto é sempre destruída, assim que o autor e o ator abandonam por um momento o espectador a si mesmo. Tais são os princípios sobre os quais a *ópera* moderna está estabelecida. Apostolo Zeno,[143] o Corneille da Itália; seu terno aluno,[144] que é o Racine de lá, iniciaram e aperfeiçoaram essa nova carreira. Eles ousaram colocar os heróis da história sobre um teatro que parecia convir somente aos fantasmas da fábula. Ciro,[145] César, o próprio Catão[146] apareceram na cena com sucesso, e os espectadores mais revoltados, ao ouvirem tais homens cantar, logo esqueceram que cantavam, subjugados e encantados pelo brilho de uma música tão plena de nobreza e dignidade quanto de entusiasmo e fogo. Supõe-se facilmente que sentimentos tão diferentes dos nossos devem expressar-se, também, em um outro tom.

---

143 Apostolo Zeno (1668-1750), homem de letras italiano, também foi historiador, libretista e poeta.

144 Pietro Metastasio (1698-1782), sucessor de Zeno na corte imperial de Viena.

145 Ciro II (c. 530 a.C.), rei da Pérsia.

146 Pode se referir a Catão, o Velho (234-149 a.C.) ou Catão de Útica (95-46 a.C.).

*Jean-Jacques Rousseau*

Esses novos poemas que o gênio havia criado, e que apenas ele podia sustentar, afastaram sem esforço os maus músicos, que possuíam apenas a mecânica de sua arte, e, privados do fogo da invenção e do dom da imitação, faziam *óperas* como teriam feito socos.[147] Apenas os gritos das bacantes, as conjurações dos feiticeiros e todos os cantos que eram somente um vão ruído foram banidos do teatro; mal se tentou substituir esse barulho bárbaro pelos acentos da cólera, da dor, das ameaças, da ternura, das lágrimas, dos gemidos e todos os movimentos de uma alma agitada, que, forçados a atribuir sentimentos aos heróis e uma linguagem ao coração humano, os Vinci, os Leo, os Pergolesi, desdenhando a servil imitação de seus predecessores, e ao abrirem para si uma nova carreira, transpuseram-na sobre a asa do gênio e alcançaram a meta quase desde os primeiros passos. Mas não se pode andar por muito tempo pelo caminho do bom gosto sem subir ou descer, e a perfeição é um ponto onde é difícil manter-se. Depois de ter experimentado e percebido suas forças, a música, estando em condições de caminhar sozinha, começa a desdenhar a poesia que ela deve acompanhar, e crê valer mais do que aquela ao tirar dela mesma as belezas que dividia com sua companheira. É verdade que ela [a música] ainda se propõe a exprimir as ideias e os sentimentos do poeta; mas ela emprega, por assim dizer, outra linguagem, e ainda que o tema seja o mesmo, o poeta e o músico, demasiado separados em seu trabalho, dele oferecem ao mesmo tempo duas imagens semelhantes, porém distintas, que se prejudicam mutuamente. O espírito, forçado a dividir-

---

147 Os socos, na comédia grega, eram os calçados utilizados pelos atores.

*Dicionário de música*

-se, escolhe uma imagem e nela se fixa mais do que em outra. Nesse caso, o músico, se possui mais arte que o poeta, supera--o e faz com que o esqueçam: o ator, vendo que o espectador sacrifica as palavras à música, por sua vez sacrifica o gesto e a ação teatral ao canto e ao brilho da voz; o que faz esquecer totalmente a peça e transforma o espetáculo em um verdadeiro concerto. Se a vantagem, ao contrário, encontra-se ao lado do poeta, a música, por sua vez, tornar-se-á quase indiferente, e o espectador, ludibriado pelo barulho, poderá enganar-se a ponto de atribuir a um mau músico o mérito de um excelente poeta, e de acreditar que admira obras-primas da harmonia ao admirar poemas bem compostos.

Tais são os defeitos que a perfeição absoluta da música e sua falta de aplicação à língua podem introduzir nas *óperas* quanto ao concurso dessas duas causas. Sobre isso, deve-se observar que as línguas mais próprias a se submeter às leis do compasso e da melodia são aquelas em que a duplicidade da qual acabo de falar é menos aparente, uma vez que a música, ao prestar-se somente às ideias da poesia, esta última presta-se, por sua vez, às inflexões da melodia; e que, quando a música cessa de observar o ritmo, o acento e a harmonia do verso, o verso dobra--se e submete-se à cadência do compasso e ao acento musical. Mas quando a língua não possui doçura nem flexibilidade, a aspereza da poesia a impede de submeter-se ao canto, a própria doçura da melodia a impede de prestar-se à boa recitação dos versos, e, na união forçada dessas duas artes, percebe-se um constrangimento perpétuo que choca os ouvidos e, ao mesmo tempo, destrói o atrativo da melodia e o efeito da declamação. Esse defeito não tem remédio, e querer a todo custo aplicar a música a uma língua que não é musical é acrescentar-lhe a rudeza que sem isso ela não teria.

*Jean-Jacques Rousseau*

Por aquilo que eu disse até aqui, pudemos ver que há mais relação entre o aparelho dos olhos ou a decoração, e a música ou o aparelho dos ouvidos, do que se mostra entre dois sentidos que não parecem ter nada em comum; e que, sob certos aspectos, a *ópera*, constituída como ela é, não é um todo tão monstruoso quanto parece ser. Vimos que, pretendendo-se oferecer às atenções o interesse e os movimentos que faltavam à música, foram imaginados os grosseiros encantos das máquinas e dos voos e que, até que se soube nos comover, contentou-se em surpreender-nos. Portanto, é muito natural que a música, tornada apaixonada e patética, tenha devolvido aos teatros de feiras esses desagradáveis suplementos dos quais ela não tinha mais necessidade no seu. Então a *ópera*, purgada de todo o maravilhoso que a aviltava, tornou-se um espetáculo igualmente tocante e majestoso, digno de agradar às pessoas de gosto e de interessar os corações sensíveis.

Certo é que se poderia ter diminuído da pompa do espetáculo tanto quanto se acrescentava ao interesse pela ação; pois quanto mais se ocupa com os personagens, tanto menos se está ocupado com os objetos que os circundam: contudo, é preciso que o lugar da cena seja conveniente aos atores que nele atuam; e a imitação da natureza, frequentemente mais difícil e sempre mais agradável que aquela dos seres imaginários, tornou-se mais interessante apenas ao se tornar mais verossímil. Um belo palácio, jardins deliciosos e engenhosas ruínas agradam ainda mais à vista que a fantasiosa imagem do tártaro, do Olimpo, da carruagem do sol; imagem tanto mais inferior àquela que cada um esboça para si mesmo, que, nos objetos quiméricos, não custa nada à imaginação ir além do possível, e formar-se modelos superiores a toda imitação. Disso decorre que o mara-

# Dicionário de música

vilhoso, ainda que deslocado na tragédia, não o está no poema épico, no qual a imaginação, sempre engenhosa e esbanjadora, encarrega-se da execução, e dele tira um proveito totalmente diverso, como não o consegue fazer, em nossos teatros, nem o talento do melhor maquinista nem a magnificência do mais poderoso rei.

Mesmo que a música considerada como uma arte de imitação tenha ainda mais relação com a poesia do que com a pintura, da maneira como é empregada no teatro, esta última não é tão sujeita quanto a poesia a fazer com a música uma dupla representação do mesmo objeto; pois uma exprime os sentimentos dos homens, e a outra somente a imagem do lugar onde eles se encontram, imagem que reforça a ilusão e transporta o espectador por toda a parte onde se supõe que o ator está. Mas esse transporte de um lugar a outro deve ter regras e limites: nesse ponto, só é permitido prevalecer-se da agilidade da imaginação ao consultar a lei da verossimilhança, e ainda que o espectador apenas procure prestar-se a ficções, das quais ele tira todo o seu prazer, não se deve abusar da sua credulidade a ponto de que isso se torne embaraçoso para ele. Em resumo, deve-se pensar que se fala a corações sensíveis sem esquecer que se fala a pessoas razoáveis. Não que eu quisesse transportar à *ópera* essa rigorosa unidade de lugar que se exige na tragédia, e à qual não há como se sujeitar a não ser em detrimento da ação, de modo que apenas se é exato acerca de algum ponto na medida em que se é disparatado em relação a mil outros. Isso seria, aliás, privar-se da vantagem das mudanças de cenas, as quais se valorizam mutuamente: seria expor-se por uma viciosa uniformidade a oposições mal concebidas entre a cena, que sempre permanece, e as situações, que mudam; isso seria estragar um pelo outro o efeito da música e o da decoração, assim como fazer ouvir sinfonias voluptuosas entre rochedos, ou árias alegres nos palácios dos reis.

É com razão, portanto, que se deixou subsistir de ato em ato as mudanças de cena, e para que fossem regulares e admissíveis, bastou que pudessem naturalmente deslocar-se do lugar de onde se sai ao lugar onde se passa, no intervalo de tempo que decorre ou que a ação supõe entre os dois atos: de modo que, assim como a unidade de tempo deve limitar-se mais ou menos à duração de vinte e quatro horas, a unidade de lugar deve limitar-se mais ou menos à distância que se pode percorrer em um dia. Com relação às mudanças de cena praticadas algumas vezes em um mesmo ato, parecem-me igualmente contrárias à ilusão e à razão, e deveriam ser absolutamente proscritas do teatro.

Eis como o concurso da acústica e da perspectiva pode aperfeiçoar a ilusão, agradar os sentidos por meio de impressões diversas, porém análogas, e levar ao espírito um mesmo interesse com um duplo prazer. Por conseguinte, seria um grande erro pensar que a ordem do teatro não tem nada em comum com a da música, a não ser a conformidade geral que elas retiram do poema. Cabe à imaginação dos dois artistas determinar conjuntamente o que a do poeta tenha deixado à sua disposição, e a acordar-se tão bem quanto a isso que o espectador sinta sempre o perfeito acordo entre o que vê e o que ouve. Mas é preciso confessar que a tarefa do músico é a maior. A imitação da pintura é sempre fria, pois carece dessa sucessão de ideias e impressões que inflamam a alma de modo gradativo, e tudo é dito no primeiro golpe de vista. O poder imitativo dessa arte, com muitos temas aparentes, reduz-se, com efeito, a represen-

*Dicionário de música*

tações muito débeis. Poder pintar o que não se poderia ouvir é uma das grandes vantagens do músico, enquanto ao pintor é impossível pintar o que não se poderia ver; e o maior prodígio de uma arte que só tem ação por conta de seus movimentos é o de poder formar até a imagem do repouso. O sono, a calma da noite, a solidão e até o silêncio incluem-se no número de representações da música. Às vezes, o ruído produz o efeito do silêncio, e o silêncio o efeito do ruído; assim como ocorre quando um homem adormece em uma leitura igual e monótona, e acorda no mesmo instante em que se faz silêncio; e a mesma coisa ocorre com outros efeitos. Mas a arte possui substituições mais férteis e muito mais finas que essas; mediante um sentido, sabe excitar emoções semelhantes àquelas que se pode excitar por meio de outro; e, como a relação não pode ser sensível a não ser que a impressão seja forte, a pintura, despojada dessa força, dificilmente produz na música as imitações que esta tira dela. Ainda que toda a natureza esteja adormecida, aquele que a contempla não dorme, e a arte do músico consiste em substituir à imagem insensível do objeto aquela dos movimentos que sua presença excita na mente do espectador: ela não representa a coisa diretamente; mas desperta em nossa alma o mesmo sentimento que experimentamos ao vê-la.

Assim, ainda que o pintor não tenha nada a extrair da partitura do músico, o músico hábil não sairá de maneira alguma sem fruto do ateliê do pintor. Não somente agitará o mar a seu bel-prazer, excitará as chamas de um incêndio, fará fluir os regatos, chover e engrossar as torrentes; mas aumentará o horror de um deserto horrendo, escurecerá as paredes de uma prisão subterrânea, acalmará a tempestade, tornará o ar tranquilo, o céu sereno, e da orquestra espargirá um novo frescor sobre os bosques.

Vimos como a união das três artes que constituem a cena lírica formam entre si um todo muito bem ligado. Tentou-se introduzir nele uma quarta, sobre a qual me resta falar.

Todos os movimentos do corpo, ordenados segundo certas leis para afetar os olhares mediante alguma ação, em geral recebem o nome de gestos. O gesto divide-se em duas espécies, das quais uma serve de acompanhamento e a outra de suplemento à palavra. O primeiro, natural a todo homem que fala, modifica-se diferentemente segundo os homens, as línguas e os caracteres. O segundo é a arte de falar aos olhos sem o recurso da escrita, por meio de movimentos do corpo tornados signos de convenção. Como esse gesto é para nós mais penoso, menos natural que o uso da palavra, e como ela o torna inútil, ele a exclui e supõe mesmo a sua privação; é isso o que se chama de arte das pantomimas. A essa arte acrescentai uma seleção de atitudes agradáveis e de movimentos cadenciados, e tereis o que chamamos de dança, que quase não merece o nome de arte quando não diz nada ao espírito.

Posto isso, trata-se de saber se a dança, sendo uma linguagem e, por conseguinte, podendo ser uma arte de imitação, pode junto com as outras três entrar no curso da ação lírica, ou bem se ela pode interromper e suspender essa ação sem estragar o efeito e a unidade da peça.

Ora, não acho que este último caso possa mesmo levantar uma questão. Pois cada qual sente que todo o interesse de uma ação seguida depende da impressão contínua e redobrada que sua representação exerce sobre nós; que todos os objetos que suspendem ou dividem a atenção são igualmente contrafeitiços que

*Dicionário de música*

destroem aquele do interesse; que, ao cortar o espetáculo com outros espetáculos que lhe são estranhos, divide-se o argumento principal em partes independentes que nada têm em comum a não ser a relação geral da matéria que as compõe; e que, enfim, quanto mais os espetáculos inseridos fossem agradáveis, tanto mais a mutilação do todo seria disforme. De sorte que, ao supor uma *ópera* cortada por quaisquer divertimentos que se pudesse imaginar, se eles fizessem com que o argumento principal fosse esquecido, o espectador, ao final de cada festa, encontrar-se-ia tão pouco emocionado quanto no início da peça; e para emocioná-lo novamente e reanimar o [seu] interesse, seria preciso recomeçar sempre. Eis por que os italianos enfim baniram dos entreatos de suas *óperas* esses *intermezzi* cômicos que neles haviam inserido; gênero de espetáculo agradável, espirituoso e bem tomado da natureza, mas tão deslocado no meio de uma ação trágica que as duas peças se anulavam mutuamente, e que uma das duas somente poderia interessar às expensas da outra.

Portanto, resta saber se a dança, não podendo entrar na composição do gênero lírico como ornamento estranho, não se poderia fazê-la entrar como parte constitutiva e fazer concorrer à ação uma arte que não deve suspendê-la. Mas como admitir ao mesmo tempo duas linguagens que se excluem mutuamente, e juntar a arte pantomima com a palavra que a torna supérflua? A linguagem do gesto, sendo o recurso dos mudos ou das pessoas que não podem ouvir-se, torna-se ridícula entre os falantes. Às palavras não se responde de modo algum com piruetas, nem ao gesto por meio de discursos; do contrário, não vejo de modo algum por que aquele que entende a linguagem do outro não lhe responde da mesma maneira. Portanto, suprimi então a palavra se quereis empregar a dança: tão logo introduzis a pantomima na *ópera*, dela devei banir a poesia; pois de todas as unidades a mais necessária é a da linguagem, e porque é absurdo e ridículo dizer a mesma coisa para a mesma pessoa, a um só tempo, com a boca e por escrito.

As duas razões que acabo de alegar juntam-se com toda a sua força para banir do drama lírico as festas e os divertimentos que não somente lhe suspendem a ação, mas, ou nada dizem, ou substituem bruscamente à linguagem adotada outra linguagem oposta, cujo contraste destrói a verossimilhança, enfraquece o interesse, e, seja na mesma ação continuada, seja no episódio inserido, fere igualmente a razão. Seria bem pior se essas festas oferecessem ao espectador apenas saltos sem ligação e danças sem objeto, tecido gótico[148] e bárbaro, em um gênero de obra em que tudo deve ser pintura e imitação.

É preciso confessar, no entanto, que a dança é tão vantajosamente situada no teatro que suprimi-la totalmente seria privá-lo de um de seus maiores atrativos. Assim, embora não se deva aviltar uma ação trágica com saltos e *entrechats*,[149] apresentar um balé após a *ópera*, como uma pequena peça depois da tragédia, é terminar o espetáculo de maneira muito agradável. Nesse novo espetáculo, que nada tem a ver com o precedente, pode-se fazer a escolha de outra língua: é outra nação que aparece na cena.

---

148 Diz-se que é *gótico*, de acordo com o *Dicionário da Academia Francesa* (edição de 1762), "por uma espécie de desdém, daquilo que parece muito antigo e fora de moda".

149 Conforme o *Dicionário Universal de Furetière* (edição de 1690), a palavra *entrechat* significa um tipo de salto, no contexto da Dança, "no qual se passa três vezes uma perna por cima da outra enquanto o corpo está no ar".

*Dicionário de música*

Então a arte pantomima ou a dança, ao tornarem-se a língua de convenção, a palavra, por sua vez, dela deve ser banida; e a música, que permanece um meio de ligação, na pequena peça aplica-se à dança, assim como na grande ela se aplicava à poesia. Mas antes de empregar essa língua nova, é preciso criá-la. Começar por colocar os balés em atividade sem ter previamente estabelecido a convenção dos gestos é falar uma língua a pessoas que dela não possuem o dicionário e que, por conseguinte, não a compreenderão absolutamente.

**RUÍDO.** *s.m. Ruído*, em geral, é toda agitação do ar que se torna sensível ao órgão auditivo. Mas na música a palavra *ruído* se opõe à palavra *som*, e é compreendida como toda sensação do ouvido que não é sonora e apreciável. Nesse ponto, para explicar a diferença que existe entre o *ruído* e o *som*, pode-se supor que este último é apreciável somente graças ao concurso de seus harmônicos, e que o *ruído* não o é por ser desprovido deles. Mas, além de não ser fácil conceber essa maneira de apreciação, se a agitação do ar causada pelo som faz vibrar, em uma corda, as alíquotas dessa corda, não vemos por que a agitação do ar causada pelo *ruído*, ao abalar essa mesma corda, não abalaria da mesma maneira suas alíquotas. Não sei de nenhuma propriedade do ar que se tenha observado que faça com que se suponha que a agitação que produz o som e aquela que produz o *ruído* prolongado não sejam de mesma natureza, e que a ação e a reação do ar e do corpo sonoro ou do ar e do corpo ruidoso ocorram por meio de leis diferentes num e noutro efeito.

Não poderíamos conjecturar que o *ruído* não é de maneira alguma de uma natureza outra que a do som; que ele mesmo é apenas a soma de uma multidão confusa de sons diversos, os quais se fazem ouvir ao mesmo tempo e, de certo modo, contrariam mutuamente suas ondulações? Todos os corpos elásticos parecem ser mais sonoros à medida que sua matéria é mais homogênea, que o grau de coesão é em toda parte mais regular, e que o corpo não é, por assim dizer, dividido em uma multidão de pequenas massas que, ao terem solidez diferente, ressoam consequentemente em diferentes tons.

Por que o *ruído* não seria um som, já que ele o excita? Pois todo *ruído* faz com que as cordas de um cravo ressoem, não algumas, como faz um som, mas todas juntas, pois não há uma sequer que não encontre seu uníssono ou seus harmônicos. Por que o *ruído* não seria um som, já que com sons se produz *ruído*? Tocai simultaneamente todas as teclas de um teclado, vós produzireis uma sensação total que será somente um *ruído* e que apenas prolongará seu efeito pela ressonância das cordas, como qualquer outro *ruído* que faria com que as mesmas cordas ressoassem. Por que o *ruído* não seria um som, já que um som demasiado forte nada mais é que um verdadeiro *ruído*, como uma voz que grita a plenos pulmões, e, sobretudo, como o som de um grande sino que é ouvido no próprio campanário? Pois é impossível apreciá-lo se não abrandamos o som com a distância, ao sairmos do campanário.

Mas, dir-me-ão, como se dá essa modificação de um som excessivo em *ruído*? A violência das vibrações torna sensível a ressonância de um número tão grande de alíquotas que a reunião de tantos sons diversos produz, então, seu efeito ordinário, e nada mais é que *ruído*. Assim, as alíquotas que ressoam não são apenas a metade, um terço, um quarto e todas as consonâncias, mas a sétima parte, a nona, a centésima, e mais ainda. Tudo isso produz em conjunto um efeito semelhante ao de todas as teclas de um cravo tocadas simultaneamente, e eis como o som torna-se *ruído*.

De maneira depreciativa, a uma música estonteante e confusa, na qual ouvimos mais estrondos que harmonia, e mais clamores que canto, também denominamos *ruído*. *Isso é apenas ruído. Essa ópera produz muito ruído e pouco efeito.*

**SOM.** *s.m.* Quando a agitação comunicada ao ar pela colisão de um corpo golpeado por outro chega ao órgão auditivo, nele produz uma sensação que chamamos de *ruído* (Ver RUÍDO). Mas há um ruído ressonante e apreciável que chamamos de *som*. As pesquisas sobre o som absoluto concernem ao físico. O músico examina apenas o *som* relativo; ele o examina somente por suas modificações sensíveis, e é segundo essa última ideia que o abordamos neste verbete.

Há três objetos principais a serem considerados no *som*: o tom, a força e o timbre. Sob cada uma dessas relações o *som* é concebido como modificável: 1°) do grave ao agudo; 2°) do forte ao fraco; 3°) do áspero ao doce, ou do surdo ao brilhante, e reciprocamente.

Em primeiro lugar, suponho que, qualquer que seja a natureza do *som*, seu veículo nada mais é que o próprio ar; primeiramente, pois, entre o corpo sonoro e o órgão auditivo, o ar é o único corpo intermediário do qual se está perfeitamente assegurado da existência; que não se devem multiplicar os seres sem necessidade; que o ar basta para explicar a formação do *som*; e, além disso, porque a experiência nos ensina que um corpo sonoro não produz *som* em um lugar totalmente privado de ar. Se se quer imaginar outro fluido, pode-se facilmente lhe aplicar tudo o que digo sobre o ar neste verbete.

A ressonância do *som*, ou melhor, sua permanência e seu prolongamento, somente podem nascer da duração da agitação do ar. Enquanto essa agitação dura, o ar abalado vem incessantemente golpear o órgão auditivo, e prolonga, assim, a percepção do *som*. Mas não há maneira mais simples de conceber essa duração do que supor no ar vibrações que se sucedem, e que, a cada instante, assim renovam a impressão. Além disso, essa agitação do ar, qualquer que seja a sua espécie, só pode ser produzida por uma agitação semelhante nas partes do corpo sonoro; ora, é um fato certo que as partes do corpo sonoro experimentam tais vibrações. Se tocarmos o corpo de um violoncelo enquanto dele tiramos *som*, o sentimos vibrar sob a mão, e, de maneira muito perceptível, vemos as vibrações da corda durarem até que o *som* se extinga. Assim sucede com um sino que fazemos soar ao golpeá-lo com o badalo; sentimo-lo, vemo-lo vibrar mesmo, e vemos saltitar os grãos de areia que jogamos sobre sua superfície. Se a corda se distende, ou o sino se fende, não há mais vibração, não há mais *som*. Se esse sino e essa corda só podem comunicar ao ar os movimentos que eles mesmos possuem, portanto, não se pode duvidar que o *som* produzido pelas vibrações do corpo sonoro não se propague por meio de vibrações semelhantes que esse corpo comunica ao ar.

Tudo isso suposto, examinemos primeiramente o que constitui a relação dos *sons* do grave ao agudo.

I. Theon de Smyrna[150] diz que Lasus de Hermione, da mesma maneira que o pitagórico Hipaso de Metaponto,[151]

---

150 Theon de Smyrna (século II d.C.), matemático e filósofo platônico.
151 Hipaso de Metaponto (ca. 500 a.C.-?), pitagórico e fundador da seita dos acusmáticos.

## Dicionário de música

para calcular as razões entre as consonâncias, serviu-se de dois vasos semelhantes que ressoavam em uníssono; que, deixando um deles vazio e preenchendo um quarto do outro, a percussão de um e de outro resultara na consonância da quarta; que, preenchendo em seguida um terço do segundo, depois até a metade, a percussão dos dois havia produzido a consonância da quinta, depois a da oitava.

De acordo com o relato de Nicômaco e Censorino,[152] Pitágoras havia procedido de outro modo para calcular as mesmas razões. Dizem que ele suspendeu diferentes pesos nas mesmas cordas sonoras, e determinou as relações entre os diversos *sons* com base naquelas que encontrou entre os pesos tensores; mas os cálculos de Pitágoras são exatos demais para terem sido feitos dessa maneira; dado que, hoje em dia, a partir das experiências de Vincenzo Galilei,[153] todos sabem que os *sons* estão entre si não como os pesos tensores, mas em razão subdupla desses mesmos pesos.

Enfim, inventou-se o monocórdio, chamado pelos antigos de *canon harmonicus*, pois fixava a regra das divisões harmônicas. É preciso explicar seu princípio.[154]

Duas cordas de mesmo metal, iguais e igualmente esticadas formam um uníssono perfeito em todos os sentidos; se os

---

152 Censorino (século III), gramático e filósofo latino.

153 O leitor interessado em aprofundar-se nos estudos de Vincenzo Galilei, e, particularmente, em sua refutação "da tradição da fábula de Pitágoras", à qual Rousseau se refere nesta passagem de maneira implícita, poderá consultar com proveito a obra intitulada "Vincenzo Galilei contra o número sonoro". Cf. Carla Bromberg, *Vincenzo Galilei contra o número sonoro*, op. cit., p.81 ss.

154 Sobre as variantes do relato sobre as experimentações pitagóricas, cf. Carla Bromberg, op. cit., p.83.

comprimentos são desiguais, a mais curta produzirá um *som* mais agudo e também produzirá mais vibrações em um tempo dado; donde se conclui que a diferença dos *sons* do grave ao agudo procede apenas daquela de vibrações produzidas, em um mesmo espaço de tempo, pelas cordas ou corpos sonoros que as fazem escutar; assim expressamos as razões dos *sons* pelos números de vibrações que os produzem.

Sabemos, ainda, a partir de experiências não menos certas, que as vibrações das cordas, aliás, como as de todas as coisas parecidas, são sempre recíprocas relativamente aos comprimentos. Dessa maneira, uma corda dupla de uma outra produzirá, no mesmo tempo, apenas a metade do número de vibrações desta; e a relação dos *sons* que elas farão ouvir chama-se *oitava*. Se as cordas são como 3 e 2, as vibrações serão como 2 e 3; e a relação se chamará *quinta* etc. (Ver INTERVALO).

A partir disso, vê-se que, com cavaletes móveis, é fácil formar sobre uma única corda divisões que produzem *sons* em todas as relações possíveis, quer seja entre si, quer seja com a corda inteira. Trata-se do monocórdio sobre o qual acabo de falar (Ver MONOCÓRDIO).

Podemos produzir *sons* agudos ou graves por outros meios. Duas cordas de comprimento igual nem sempre formam uníssono; pois, se uma é mais grossa ou menos esticada que a outra, ela produzirá menos vibrações em tempos iguais, e, consequentemente, produzirá um *som* mais grave (Ver CORDA).

Com base nesses princípios, é fácil explicar a construção dos instrumentos de cordas, tais como o cravo, o timpanão[155] e o

---

155 Segundo Marques, o "timpanão" é uma espécie de *dulcimer*, o qual, por sua vez, é definido por esse mesmo autor da seguinte manei-

*Dicionário de música*

conjunto de violinos e baixos, que, por diferentes encurtamentos das cordas sob os dedos ou cavaletes móveis, produz a diversidade de *sons* que se consegue desses instrumentos. Deve-se raciocinar da mesma maneira sobre os instrumentos de sopro: os mais compridos produzem *sons* mais graves, se o sopro é igual. Os orifícios, assim como os encontrados nas flautas e oboés, permitem encurtá-los para produzir os *sons* mais agudos. Quando neles sopramos mais, fazemos com que oitavem, e os *sons* tornam-se mais agudos ainda. A coluna de ar forma então o corpo sonoro, e os diversos tons do trompete e da trompa de caça[156] têm os mesmos princípios que os *sons* harmônicos do violoncelo e do violino etc. (Ver SONS HARMÔNICOS).[157]

Se fizermos ressoar com certa força uma das grossas cordas de uma viola ou de um violoncelo, passando o arco um pouco mais perto do cavalete do que de costume, ouviremos distintamente, por pouco que tenhamos os ouvidos exercitados e atentos, além do *som* da corda inteira, pelo menos o de sua oitava, o da oitava de sua quinta e o da dupla oitava de sua terça; veremos mesmo vibrar e ouviremos ressoar todas as cordas transportadas ao uníssono desses *sons*. Esses *sons* acessórios sempre acompanham um *som* principal qualquer, mas quando esse *som* principal é agudo, os outros são menos perceptíveis. A eles chamamos de harmônicos do *som* principal; segundo o

---

ra: "instrumento de caixa horizontal, mais ou menos rectangular, de cordas percutidas com baquetas de madeira." Cf. Henrique de Oliveira Marques, op. cit., p.564, n.98.

156 "*Cor-de-chasse*", no original.

157 No verbete da *Enciclopédia*, em vez de remeter à entrada "Sons harmônicos", Rousseau havia apresentado três outras remissões, a saber: "Órgão", "Flauta" e "Oitavar".

*151*

sr. Rameau,[158] é por meio deles que todo *som* é apreciável e foi neles que ele [Rameau] e o sr. Tartini buscaram o princípio de toda harmonia, mas por caminhos diametralmente contrários (Ver HARMONIA, SISTEMA).

Uma dificuldade que ainda deve ser explicada na teoria do *som* é saber como dois ou mais *sons* podem ser ouvidos ao mesmo tempo. Por exemplo, no momento em que ouvimos os dois *sons* que formam a quinta, dos quais um produz duas vibrações, enquanto o outro produz três, não concebemos como a mesma massa de ar pode fornecer ao mesmo tempo esses diferentes números de vibrações, e ainda muito menos quando se produzem conjuntamente mais de dois *sons*, e estes são dissonantes entre si. Mengoli e os demais se desembaraçam dessa dificuldade por meio de comparações. Isto ocorre da mesma maneira que, dizem eles, quando duas pedras são jogadas ao mesmo tempo na água, as quais produzem diferentes círculos que, sem se confundir, cruzam-se. O sr. de Mairan[159] apresenta uma explicação mais filosófica. O ar, segundo ele, é dividido em partículas de diversas grandezas, das quais cada uma é capaz de um tom particular, e não é suscetível de nenhum outro; de sorte que, a cada *som* que se forma, as partículas de ar que lhe são análogas se agitam sozinhas, elas e seus harmônicos, en-

---

158 Rousseau refere-se aqui a uma passagem do tratado de Rameau intitulado *Génération harmonique...* ("Geração harmônica..."), capítulo primeiro, p.10 ss. Cf. Jean-Philippe Rameau. *Intégrale de l'Œuvre Théorique — Traités, Méthodes, Préfaces, Polémiques et Correspondances*, v.II. Édition de Bertrand Porot et Jean Saint-Arroman. Bressuire. Éditions Fuzeau Classique, 2008, p.19 ss.

159 Jean-Jacques Dortous de Mairan (1678-1771), físico e matemático francês.

*Dicionário de música*

quanto todas as outras permanecem tranquilas até que sejam, por sua vez, colocadas em movimento pelos *sons* que lhes correspondem. De sorte que se ouvem dois *sons* ao mesmo tempo, assim como se veem, ao mesmo tempo, duas cores; pois, ao serem produzidos por diferentes partes, afetam o órgão em diferentes pontos.

Esse sistema é engenhoso, mas a imaginação dificilmente presta-se a evocar uma infinidade de partículas de ar diferentes em tamanho e mobilidade, que deveriam ser distribuídas em cada ponto do espaço, para estar, em caso de necessidade, sempre prontas a produzir em todo lugar a infinidade de todos os sons possíveis. Uma vez que elas tenham chegado ao tímpano do ouvido, concebe-se menos ainda como muitas, golpeando-o juntas, podem nele produzir uma perturbação capaz de enviar ao cérebro a sensação de cada uma em particular. Parece que se afastou a dificuldade em vez de resolvê-la. Alega-se em vão o exemplo da luz cujos raios se cruzam em um ponto sem confundir os objetos; pois, além do fato de que uma dificuldade não resolve outra, a paridade não é exata, dado que o objeto é visto sem excitar no ar um movimento semelhante àquele que deve excitar o corpo sonoro para ser ouvido. Mengoli parecia disposto a prevenir essa objeção ao afirmar que as massas de ar carregadas, por assim dizer, de diferentes *sons*, atingem o tímpano apenas sucessivamente, alternadamente e cada uma por sua vez; sem pensar demais com que ocuparia aquelas que são obrigadas a esperar que as primeiras tenham terminado sua função, ou sem explicar como o ouvido, afetado por tantos golpes sucessivos, pode distinguir aqueles que pertencem a cada *som*.

Em relação aos harmônicos que acompanham um *som* qualquer, oferecem menos uma nova dificuldade que um novo caso

## Jean-Jacques Rousseau

da precedente, dado que tão logo se explique como vários *sons* podem ser ouvidos ao mesmo tempo, explicar-se-á facilmente o fenômeno dos harmônicos. Com efeito, suponhamos que um *som* ponha em movimento as partículas de ar suscetíveis do mesmo *som*, e as partículas suscetíveis de *sons* mais agudos até o infinito; entre essas diversas partículas, haverá aquelas cujas vibrações serão continuamente sustentadas e renovadas pelas suas, ao começarem e terminarem precisamente com aquelas do corpo sonoro: essas partículas serão aquelas que irão produzir o uníssono. Em seguida, vem a oitava, da qual duas vibrações, ao se acordarem com uma do *som* principal, são sustentadas e reforçadas apenas aos pares; por conseguinte, a oitava será perceptível, mas menos que o uníssono. Logo depois, vem a décima segunda ou a oitava da quinta, que produz três vibrações precisas, ao passo que o *som* fundamental produz uma; assim, ao receber um novo golpe apenas a cada terceira vibração, a décima segunda será menos perceptível que a oitava, que recebe esse novo golpe desde a segunda. Seguindo essa mesma gradação, encontramos o concurso mais tardio das vibrações, os golpes menos renovados e, por conseguinte, os harmônicos sempre menos perceptíveis; até que as relações se compõem a ponto de a ideia do concurso demasiado raro apagar-se, e, como as vibrações têm tempo de se extinguir, antes de serem renovadas, não se escuta mais o harmônico. Enfim, quando a relação deixa de ser racional, as vibrações jamais coincidem; as do *som* mais agudo, sempre contrariadas, são logo abafadas por aquelas da corda, e este *som* agudo é absolutamente dissonante e nulo. Tal é a razão pela qual os primeiros harmônicos são ouvidos e o porquê de todos os outros *sons* não o serem.

Dicionário de música

Mas já falamos demais sobre a primeira propriedade do *som*; passemos às duas outras.

II. A intensidade do *som* depende da intensidade das vibrações do corpo sonoro; quanto mais intensas são essas vibrações, tanto mais forte e vigoroso é o *som* e é ouvido de longe. Quando a corda está bastante esticada e não forçamos demais a voz ou o instrumento, as vibrações sempre permanecem isócronas, e, por conseguinte, o tom permanece o mesmo; quer seja porque amplificamos o *som*, quer porque o enfraquecemos: mas, ao friccionarmos o arco com força demais, ao afrouxarmos demais a corda, ao soprarmos ou gritarmos demais, podemos fazer com que as vibrações percam o isocronismo necessário à identidade do tom; e essa é uma das razões pelas quais estamos mais sujeitos a cantar desafinado na música francesa, cujo principal mérito é o de gritar bem, do que na italiana, na qual se modera a voz com maior suavidade.

A velocidade do *som*, que pareceria depender de sua força, desta não depende de maneira alguma. Essa velocidade é sempre igual e constante, se não é acelerada ou retardada pelo vento, ou seja, o *som*, forte ou fraco, propagar-se-á sempre de maneira uniforme e sempre fará em dois segundos o dobro do caminho que terá feito em um. De acordo com Halley[160] e Flamsteade,[161] na Inglaterra o *som* percorre 1.070 pés da França em um segundo, e, no Peru, 174 toesas, segundo o sr. de La

---

160 Trata-se, aqui, do astrônomo britânico Edmond Halley (1656-1742), o qual, dentre outras pesquisas, dedicou-se ao estudo acerca do movimento dos cometas.

161 John Flamstead, ou Flamsteed (1646-1719), astrônomo inglês.

155

# Jean-Jacques Rousseau

Condamine.[162] O padre Mersenne e Gassendi[163] asseguraram que o vento favorável ou contrário não acelerava nem retardava o *som*; isso é tomado por um erro desde as experiências que Derham[164] e a Academia das Ciências fizeram sobre esse assunto.

Sem desacelerar seu movimento, o *som* se enfraquece ao se estender, e esse enfraquecimento, se a propagação é livre e não for entravada por nenhum obstáculo nem desacelerada pelo vento, segue ordinariamente a razão do quadrado das distâncias.

III. Quanto à diferença que se encontra entre os *sons*, ainda, pela qualidade do timbre, é evidente que não depende do grau de elevação nem sequer do grau de intensidade. Por mais que um oboé se coloque em uníssono com uma flauta, por mais que suavize o *som* no mesmo grau, o *som* da flauta terá sempre um não sei quê de brando e doce; o do oboé um não sei quê de rude e áspero, que impedirá que o ouvido os confunda. Sem falar da diversidade do timbre das vozes (Ver VOZ); não há um instrumento que não tenha o seu timbre particular, o qual não é de maneira alguma o de outro, e o órgão sozinho possui

---

162 O francês Charles-Marie de la Condamine (1701-1774) interessou-se pelas matemáticas, pela física, pela história natural e pela medicina, e escreveu um diário de viagem conhecido como *Journal du voyage fait par ordre du roi à l'équateur*, de 1751 ("Diário da viagem ao equador feita por ordem do rei").

163 Pierre Gassend, ou Gassendi (1592-1655), filósofo, matemático e astrônomo francês. Os leitores familiarizados com a obra de Descartes lembrar-se-ão das respostas desse filósofo às objeções formuladas por Gassendi contra as "Meditações" cartesianas.

164 William Derham (1657-1735), teólogo inglês, membro da Sociedade Real de Londres.

*Dicionário de música*

uma vintena de jogos, todos de timbre diferente. Entretanto, que eu saiba, ninguém examinou o *som* nesse aspecto, o qual, tanto quanto os outros, talvez possa encontrar suas dificuldades; pois a qualidade do timbre não pode depender do número de vibrações, que produz o grau do grave ao agudo, nem da intensidade ou da força dessas mesmas vibrações, que produz o grau do forte ao fraco. Por conseguinte, para explicar essa terceira qualidade do *som* e suas diferenças, será preciso encontrar, no corpo sonoro, uma terceira causa diferente dessas duas; o que, talvez, não seja muito fácil.

Todas as três qualidades principais sobre as quais acabo de falar fazem parte, se bem que em diferentes proporções, do objeto da música, que é o *som* em geral.

De fato, o compositor não só considera se os *sons* que ele emprega devem ser altos ou baixos, graves ou agudos, mas se eles devem ser fortes ou fracos, ásperos ou doces, surdos ou brilhantes; e ele os distribui entre diferentes instrumentos, entre diversas vozes, em *récits*[165] ou em coros, nos extremos ou no *medium* dos instrumentos ou das vozes, com *pianos*[166] ou *fortes*, de acordo com as conveniências de tudo isso.

---

165 "Nome genérico de tudo o que se canta a uma só voz." Verbete "Récit" do *Dicionário de música* de Rousseau.

166 *"Doux"*, no original. "DOCE. *adj. usado como advérbio.* Na música, essa palavra é oposta à palavra *forte*. Na música francesa, escrevemos essa palavra acima das pautas, e, na música italiana, abaixo delas, nos lugares onde queremos diminuir o ruído, moderar e suavizar o brilho e a veemência do som, como nos ecos, e nas partes do acompanhamento. Os italianos escrevem *dolce*, e, mais comumente, *piano*, no mesmo sentido; mas seus puristas em música sustentam que esses dois termos não são sinônimos, e que é por abuso que vários autores os empregam como tais. Dizem que *piano* significa simplesmente

Mas é verdade que toda a ciência harmônica consiste unicamente na comparação de *sons* do grave ao agudo, de sorte que, como o número de *sons* é infinito, pode-se dizer no mesmo sentido que essa ciência é infinita em seu objeto. Não concebemos, de maneira nenhuma, limites precisos à extensão dos *sons* do grave ao agudo, e por menor que possa ser o intervalo que se encontra entre dois *sons*, sempre iremos concebê-lo como divisível por um terceiro *som*; mas a natureza e a arte limitaram essa infinidade na prática da música. Prontamente encontramos nos instrumentos os limites dos *sons* praticáveis, tanto no grave como no agudo. Alongai ou encurtai até certo ponto uma corda sonora, ela não mais produzirá *som*. Tampouco podemos aumentar ou diminuir à vontade a capacidade de uma flauta ou de um tubo de órgão nem o seu comprimento: há limites para além dos quais nem um nem outro ressoa. A inspiração também possui sua medida e suas leis. Fraca demais, ela não produz nenhum *som*; demasiado forte, apenas produz um grito estridente que é impossível apreciar. Enfim, por mil experiências, é constatado que todos os *sons* sensíveis estão compreendidos em uma certa latitude, para além da qual, quer sejam muito graves quer muito agudos, não são mais percebidos ou tornam-se inapre-

---

uma moderação de som, uma diminuição de ruído; mas que *dolce* indica, além disso, uma maneira de tocar *più soave*, mais doce, mais ligada, correspondendo mais ou menos à palavra *louré* dos franceses. O *doce* possui três matizes que é preciso distinguir bem; a saber: *a meia voz, doce,* e *muito doce.* Por mais próximos que pareçam esses três matizes, uma orquestra experiente os reproduz muito perceptíveis e muito distintos." Verbete "Doce", que se encontra no *Dicionário de música* de Rousseau.

# Dicionário de música

ciáveis ao ouvido. O sr. Euler[167] fixou mesmo esses limites, de certa maneira, e segundo as suas observações, expostas pelo sr. Diderot, nos seus princípios de acústica, todos os *sons* perceptíveis estão compreendidos entre os números 30 e 7552; isso significa que, segundo esse grande geômetra, o *som* mais grave apreciável ao nosso ouvido produz 30 vibrações por segundo, e o mais agudo 7552 vibrações no mesmo tempo, intervalo que compreende quase oito oitavas.

Por outro lado, pela geração harmônica dos *sons* vê-se que, em sua infinidade possível, existe apenas um número muito pequeno deles que possa ser admitido no sistema harmônico. Pois todos aqueles que não formam consonâncias com os *sons* fundamentais, ou que não provêm mediata ou imediatamente das diferenças dessas consonâncias, devem ser proscritos do sistema. Eis por que, por mais perfeito que atualmente suponhamos ser o nosso, ele é, no entanto, limitado a apenas doze *sons* na extensão de uma oitava; desses doze, todas as outras oitavas só contêm réplicas. Se quisermos considerar todas essas réplicas como outros tantos *sons* diferentes, ao multiplicá-los pelo número das oitavas que se limita à extensão dos *sons* apreciáveis, encontraremos o total de 96 como o maior número de *sons* praticáveis, em nossa música, sobre um mesmo *som* fundamental.

Não poderíamos avaliar, com a mesma precisão, o número dos *sons* praticáveis na música antiga. Pois os gregos formavam sistemas de música na mesma proporção, por assim dizer, das diferentes maneiras que possuíam para afinar seus tetracordes.

---

167 Leonhard Euler (1707-1783), matemático e físico suíço.

Pela leitura de seus tratados de música, parece que o número dessas maneiras era grande e talvez indeterminado. Ora, cada acorde particular mudava os *sons* da metade do sistema, isto é, as duas cordas móveis de cada tetracorde. Assim, vê-se bem o que possuíam de *sons* em uma única maneira de afinação; mas não podemos calcular ao certo o quanto esse número se multiplicava em todas as mudanças de gênero[168] e de modo que introduziam novos *sons*.

Em relação a seus tetracordes, distinguiam os *sons* em duas classes gerais, a saber: os *sons* estáveis e fixos, cuja afinação jamais mudava; e os *sons* móveis, cuja afinação mudava conforme a espécie do gênero. Os primeiros eram oito ao todo, a saber: os dois extremos de cada tetracorde e a corda proslambanomenos; os segundos também eram oito, pelo menos, algumas vezes nove ou dez, pois dois *sons* vizinhos ora se confundiam em um, ora se separavam.

Eles dividiam de novo nos gêneros densos os *sons* estáveis em duas espécies, das quais uma continha três *sons*, chamados de *apycni* ou não "estreitos", pois no grave não formavam nem semitons nem intervalos menores; esses três *sons apycni* eram o proslambanomenos, o nete-synnemenon e o nete-hyperboleon. A outra espécie levava o nome de *sons barypycni* ou "subestreitos", pois formava-se o grave por meio dos pequenos inter-

---

168 Sobre a música grega antiga, suas noções fundamentais − dentre as quais estão incluídos os "gêneros melódicos" de que fala Rousseau −, seus instrumentos e sua prática, ver o livro intitulado "A música grega", do historiador, advogado, matemático, filólogo e musicólogo Théodore Reinach (1860-1928). Cf. T. Reinach, *A música grega*. Trad. Newton Cunha. São Paulo: Perspectiva, 2011.

valos. Os *sons barypycni* eram cinco, a saber: o hypate-hypaton, o hypate-meson, o mese, o paramese e o nete-diezeugmenon.

Da mesma maneira, os *sons* móveis se subdividiam em *sons mesopycni* ou *médios* no "estreito", os quais eram também cinco, a saber: o segundo, no sentido ascendente de cada tetracorde; e em cinco outros *sons* chamados *oxypycni* ou superagudos, que eram o terceiro de cada tetracorde, no sentido ascendente (Ver TETRACORDE). Em relação aos doze *sons* do sistema moderno, a sua afinação nunca muda e são todos imóveis. Brossard sustenta que eles são todos móveis, baseado no fato de que podem ser alterados por sustenido ou bemol.[169] Mas uma coisa é mudar de corda e outra é mudar a afinação de uma corda.

**UNIDADE DE MELODIA.** Todas as belas-artes possuem alguma *unidade* de objeto, fonte do prazer que proporcionam ao espírito; pois a atenção dividida não repousa em parte alguma, e, quando dois objetos nos ocupam, isso é uma prova de que nenhum dos dois nos satisfaz. Há, na música, uma *unidade* sucessiva que se relaciona ao tema, e por meio da qual todas as

---

169 Rousseau refere-se, aqui, à seguinte passagem do *Dicionário de música* (ca. 1708) de Brossard: "Isso era correto nesse *sistema* [dos antigos], mas, no *sistema moderno*, essas diferenças não ocorrem, dado que neste não há som que não possa ser alterado por um sustenido cromático [no original, há a figura do *"dièse chromatique"*], ou por um bemol [no original, há a figura deste sinal de alteração]; assim, todos eles são *móveis*". Cf. Sébastien de Brossard, *Dictionnaire de musique* (ca. 1708). Amsterdam: Estienne Roger. Fac-similé. Genève/Paris: Minkoff, 1992, p.143.

partes, bem ligadas, compõem um todo, do qual percebemos o conjunto e todas as relações.

Mas há outra *unidade* de objeto mais fina, mais simultânea, de onde nasce, sem que disso nos apercebamos, a energia da música e a força de suas expressões. Quando ouço cantar nossos salmos a quatro partes, sempre começo a sentir-me cativado, arrebatado por essa harmonia plena e vigorosa; e os primeiros acordes, quando são entoados com afinação correta, comovem-me até provocar estremecimento. Mas apenas eu tenha escutado sua sequência durante alguns minutos, minha atenção relaxa, o barulho atordoa-me pouco a pouco; logo ele me cansa e, por fim, sinto-me aborrecido de ouvir somente acordes.

Esse efeito não me ocorre de maneira nenhuma quando ouço boa música moderna, ainda que sua harmonia seja menos vigorosa; e lembro-me de que, na Ópera de Veneza, longe de me aborrecer com uma bela ária bem executada, dava-lhe uma atenção sempre nova, por mais longa que fosse, e a ouvia com mais interesse no final do que no início.

Essa diferença provém do caráter distinto das duas músicas, das quais uma é apenas uma sequência de acordes e a outra é uma sequência de canto. Ora, o prazer da harmonia é apenas um prazer de pura sensação; e o gozo dos sentidos é sempre curto: a saciedade e o tédio o seguem de perto. Mas o prazer da melodia e do canto é um prazer de interesse e de sentimento que fala ao coração, e que o artista pode sustentar sempre e renovar com muito gênio.

Portanto, a música deve necessariamente cantar para comover, para agradar, para sustentar o interesse e a atenção. Mas de que maneira, nos nossos sistemas de acordes e de harmonia, a música procederá para cantar? Se cada parte possui seu próprio canto, todos esses cantos, escutados ao mesmo tempo, destruir-se-ão mutuamente e não produzirão mais canto. Se todas as partes produzem o mesmo canto, não teremos mais harmonia e o concerto será todo em uníssono.

É bastante notável a maneira pela qual um instinto musical, certo sentimento surdo do gênio, suprimiu essa dificuldade sem vê-la e dela chegou a tirar vantagem. A harmonia, que deveria abafar a melodia, a anima, a reforça, a determina: as diversas partes, sem se confundir, concorrem para o mesmo efeito; e ainda que cada uma delas pareça ter seu próprio canto, de todas essas partes reunidas apenas ouvimos surgir um único e mesmo canto. É a isto que chamo de *unidade de melodia*.

Eis aqui como a própria harmonia concorre para essa *unidade*, longe de prejudicá-la. São os nossos modos que caracterizam os nossos cantos, e os nossos modos são fundados sobre nossa harmonia. Portanto, todas as vezes que a harmonia reforça ou determina o sentimento do modo e da modulação, ela realça a expressão do canto, contanto que não o encubra.

Assim, a arte do compositor é, relativamente à *unidade de melodia*: 1) a de melhor determinar o modo pela harmonia, quando este não é suficientemente determinado pelo canto; 2) a de escolher e modificar seus acordes de maneira que o som preponderante seja sempre aquele que canta, e que aquele que mais o destaca esteja no baixo; 3) a de reforçar a energia de cada passagem com acordes duros, se a expressão for dura, ou suaves, se a expressão for suave; 4) a de atentar para o caráter expressivo do acompanhamento no *forte-piano* da melodia; 5) enfim, a de proceder de maneira que o canto das outras par-

*Jean-Jacques Rousseau*

tes, longe de contrariar aquele da parte principal, o sustente, o apoie e lhe dê um acento mais vivo.

O sr. Rameau, para provar que a energia da música provém inteiramente da harmonia, dá o exemplo de um intervalo que ele também chama de canto, o qual assume características totalmente diferentes, de acordo com as diversas maneiras de acompanhá-lo. O sr. Rameau não percebeu que ele provava exatamente o contrário do que pretendia provar; pois, em todos os exemplos que ele apresenta, o acompanhamento do baixo só serve para determinar o canto. Um simples intervalo não é de maneira alguma um canto: somente se torna um canto quando tem seu lugar determinado no modo. E o baixo, ao determinar o modo e o lugar do modo que esse intervalo ocupa, nesse caso, determina esse intervalo para que seja esse ou aquele canto; de maneira que, pelo que precede o intervalo na mesma parte, se determinamos bem o lugar que ele ocupa em sua modulação, sustento que produzirá seu efeito sem nenhum baixo: assim, a harmonia, nessa situação, age apenas ao determinar a melodia como essa ou aquela; e é unicamente como melodia que o intervalo possui diferentes expressões, conforme o lugar do modo em que é empregado.

A *unidade de melodia* exige que jamais escutemos duas melodias ao mesmo tempo, mas não que a melodia nunca passe de uma parte à outra; ao contrário, muitas vezes há elegância e gosto em dispor oportunamente essa passagem, mesmo do canto ao acompanhamento, contanto que o texto seja sempre ouvido. Há inclusive harmonias engenhosas e bem dispostas, nas quais a melodia, sem estar em nenhuma parte, resulta somente do efeito do todo. Encontrar-se-á um exemplo (prancha M,

*Dicionário de música*

figura 7)[170] que, embora seja grosseiro, basta para fazer entender o que quero dizer.

Seria necessário um tratado para mostrar em detalhe a aplicação desse princípio aos *duos, trios, quartetos,* aos coros e às peças de sinfonia. Os homens de gênio descobrirão suficientemente sua extensão e uso, e nisto suas obras instruirão outros. Então concluo e digo que, do princípio que acabo de estabelecer, segue-se, em primeiro lugar: que toda música que não canta é enfadonha, seja qual for a sua harmonia; em segundo lugar: que toda música na qual distinguimos vários cantos simultâneos é ruim, e que dela resulta o mesmo efeito que o de dois ou vários discursos pronunciados ao mesmo tempo no mesmo tom. Por esse julgamento, que não admite nenhuma exceção, vê-se o que se deve pensar dessas maravilhosas músicas nas quais uma ária serve de acompanhamento a outra ária.

É esse princípio da *unidade* de melodia que os italianos sentiram e seguiram sem o conhecer, e que os franceses, porém, não conheceram nem seguiram; é, digo eu, esse grande princípio que compreende a diferença essencial entre as duas músicas; e acredito que é o que dele dirá todo juiz imparcial que queira dar a mesma atenção às duas; se, todavia, isso for possível.

Quando descobri esse princípio, antes de propô-lo, quis ensaiar a sua aplicação por mim mesmo: esse ensaio produziu o *Adivinho da aldeia;*[171] após o sucesso, falei dele em minha *Carta*

---

170 Ver Anexo (p.183), prancha XVI, figura 2.
171 *Le Devin du village* (1752). De todas as obras musicais de Rousseau (entre as quais encontramos diversos gêneros e formas, tais como: ópera, canção, moteto etc.), esse *intermezzo* foi sem dúvida a que mais o aproximou da possibilidade de uma ascensão como compositor.

*sobre a música francesa.* Aos mestres da arte cabe julgar se o princípio é bom, e se eu segui corretamente as regras que dele derivam.

**VOZ.** *s.f.* A soma de todos os sons que, ao falar, ao cantar, ao gritar, um homem pode extrair de seu órgão forma o que chamamos de *voz*, e as qualidades dessa *voz* dependem também daquelas dos sons que a formam. Assim, antes de tudo, devemos aplicar à *voz* tudo o que eu disse sobre o som em geral (Ver SOM).

Os físicos distinguem no homem diferentes tipos de *voz*; ou, se quisermos, eles consideram a mesma *voz* sob diferentes aspectos.

1. Como um simples som, tal como o grito das crianças.
2. Como um som articulado, tal como ele se encontra na palavra.

---

Embora tenha recebido a oferta de uma pensão vitalícia por parte de Luís XV – após a primeira apresentação do *Adivinho*, em Fontainebleau, no dia 18 de outubro de 1752 –, o "filósofo-músico" terminou por recusá-la: "É verdade que eu perdia a pensão que de algum modo me haviam oferecido", reconhece Rousseau; e, no entanto, prossegue: "[...] mas também me isentava do jugo que ela me imporia. Adeus liberdade, verdade, coragem. Como ousar depois falar em independência e desinteresse? Teria de me lamentar ao falar, ou calar-me, se recebesse essa pensão. E quem me garantia que ela seria paga? Quantos passos a dar, quantas pessoas a solicitar! Ser-me-ia mais custoso e mais desagradável conservá-la do que dispensá-la. E achei, pois, que, renunciando a ela, tomava uma resolução muito de acordo com os meus princípios, e sacrificava a aparência à realidade". Cf. J.-J. Rousseau, *Confissões*. Trad. Rachel de Queiroz (livros I a X) e José Benedicto Pinto (livros XI e XII). São Paulo: Edipro, 2008, p.347.

*Dicionário de música*

3. No canto, que acrescenta à palavra a modulação e a variedade dos tons.

4. Na declamação, que parece depender de uma nova modificação no som e na própria substância da *voz*; modificação diferente daquela do canto e daquela da palavra, pois ela pode se unir a uma e a outra, ou delas ser suprimida.

Na *Enciclopédia*, pode-se ver, no verbete *Declamação dos antigos*,[172] de onde essas divisões são tiradas, a explicação que o sr. Duclos dá a esses diferentes tipos de *voz*. Contentar-me-ei em transcrever, aqui, o que ele diz sobre a *voz* cantada ou musical, a única que se refere ao meu assunto.

Os antigos músicos estabeleceram, depois de Aristóxeno: 1°) que a *voz* cantada passa de um grau de elevação ou de abaixamento a um outro grau, ou seja, de um tom a outro por salto, sem percorrer o intervalo que os separa, ao passo que aquela do discurso se eleva e se abaixa por um movimento contínuo; 2°) que a *voz* cantada se sustenta sobre o mesmo tom, considerado como um ponto indivisível, o que não ocorre durante a simples pronúncia.

Esse movimento por saltos e com repousos é, com efeito, o da *voz* cantada: mas não há mais nada no canto? Houve uma declamação trágica que admitia a passagem por salto de um tom a outro e o repouso sobre um tom. Observa-se a mesma coisa em certos oradores. No entanto, essa declamação ainda é diferente da *voz* cantada.

O sr. Dodart, que acrescentou ao espírito de discussão e de pesquisa um grande conhecimento sobre a física, a anatomia e

---

172 Ver Diderot; d'Alembert, *Enciclopédia, ou Dicionário razoado das ciências, das artes e dos ofícios*. Volume 5: Sociedade e artes, p.261-2.

*Jean-Jacques Rousseau*

o funcionamento das partes do corpo humano, havia atentado particularmente para os órgãos da *voz*. Ele observa: 1°) que um homem, cuja *voz* falada é desagradável, possui o canto muito agradável, e vice-versa; 2°) que se não tivermos escutado alguém cantar, qualquer que seja o conhecimento que tenhamos de sua *voz* falada, não o reconheceremos pela sua *voz* cantada.

O sr. Dodart, ao continuar suas pesquisas, descobriu que na *voz* cantada há mais movimento de toda a laringe que na falada; ou seja, da parte da traqueia-artéria que forma como que um novo canal que termina na glote, que envolve e sustenta os seus músculos. A diferença entre as duas *vozes* deriva, portanto, daquela que há entre a laringe firme e apoiada sobre as suas articulações, na fala, e esta mesma laringe suspensa sobre as suas articulações, em ação e movida por uma oscilação de cima para baixo e de baixo para cima. Essa oscilação pode ser comparada ao movimento dos pássaros que planam ou dos peixes que se mantêm no mesmo lugar contra a corrente. Ainda que as asas de uns e as nadadeiras de outros pareçam imóveis à simples vista, elas produzem vibrações contínuas, mas tão curtas e tão rápidas que se tornam imperceptíveis.

A oscilação da laringe produz, na *voz* cantada, uma espécie de ondulação que não se encontra na simples fala. A ondulação, sustentada e moderada nas belas *vozes*, torna-se perceptível demais nas *vozes* trêmulas e fracas. Essa ondulação não deve ser confundida com as cadências e ornamentos[173] que se produzem por movimentos muito rápidos e muito delicados da abertura da glote; e que são compostos do intervalo de um tom ou de um semitom.

---

173 No original, *roulement*, cuja entrada, no *Dicionário de música* de Rousseau, remete ao verbete "Roulade", no qual se lê a seguinte definição: "No canto, passagem de várias notas sobre uma mesma sílaba".

# Dicionário de música

A *voz*, quer seja a cantada, quer a falada, provém por inteiro da glote, tanto para o som quanto para o tom; mas a ondulação provém inteiramente da oscilação de toda a laringe: ela não faz parte da *voz*, mas afeta a sua totalidade.

Do que acaba de ser exposto resulta que a *voz* cantada consiste no movimento por saltos de um tom a outro, na permanência sobre os tons e nessa ondulação da laringe que afeta a totalidade e a própria substância do som.

Ainda que essa explicação seja muito clara e muito filosófica, a meu ver, ela deixa a desejar; e esse caráter de ondulação conferido à *voz* cantada pela oscilação da laringe não me parece ser mais essencial que o movimento por saltos e a permanência sobre os tons, que, segundo o testemunho do sr. Duclos, não são características específicas dessa *voz*.

Pois, em primeiro lugar, podemos conservar ou eliminar à vontade essa ondulação da *voz* quando cantamos; e não cantamos menos quando prolongamos um som homogêneo, sem qualquer espécie de ondulação. Em segundo lugar, os sons dos instrumentos não diferem daqueles da *voz* cantante, quanto à sua natureza de sons musicais, e por si mesmos não possuem nada dessa ondulação. Em terceiro lugar, essa ondulação se forma no tom e não no timbre; a prova disso se encontra no fato de que, com o violino e outros instrumentos, imitamos essa ondulação, não por alguma oscilação semelhante ao pressuposto movimento da laringe, mas por uma oscilação do dedo sobre a corda, a qual, assim encurtada e distendida alternadamente e quase imperceptivelmente, produz dois sons alternativos à medida que o dedo recua ou avança. Assim, a ondulação, o que quer que diga o sr. Dodart, não consiste em uma oscilação muita rápida do mesmo som, mas na alternância mais ou menos frequente de dois sons muito próximos; e quando os sons são muito afastados e os abalos alternativos são muito intensos, então a ondulação se torna tremulação.

Eu pensaria que o verdadeiro caráter distintivo da *voz* cantada é o de formar sons apreciáveis dos quais podemos apreender ou perceber o uníssono e passar de um a outro por intervalos harmônicos e comensuráveis; ao passo que, na *voz* falada, ou os sons não são suficientemente sustentados e, por assim dizer, suficientemente uniformes para poderem ser apreciados, ou os intervalos que os separam não são suficientemente harmônicos, nem suas relações são suficientemente simples.

As observações que fez o sr. Dodart sobre as diferenças entre a *voz* falada e a *voz* cantada do mesmo homem, longe de contrariarem essa explicação, a confirmam; pois, como há línguas mais ou menos harmoniosas cujos acentos são mais ou menos musicais, nessas línguas também observamos que as *vozes* faladas e cantadas se aproximam ou se afastam na mesma proporção. Assim, como a língua italiana é mais musical que a francesa, a fala se afasta menos do canto; e nela é mais fácil reconhecer, a partir do canto, o homem que ouvimos falar. Em uma língua inteiramente harmoniosa, como era no princípio a língua grega, a diferença entre a *voz* falada e a *voz* cantada seria nula: não teríamos outra além da mesma *voz* para falar e para cantar; talvez esse ainda seja o caso dos chineses.

Talvez seja mais que o suficiente sobre os diferentes gêneros de *voz*. Retorno à *voz* cantada; e a ela limitar-me-ei no restante deste verbete.

Cada indivíduo tem sua *voz* particular que se distingue de qualquer outra *voz* por alguma diferença própria, como um rosto se distingue de outro; mas há também diferenças que

*Dicionário de música*

são comuns a várias e que, formando tantas espécies de *voz*, demandam uma denominação particular para cada uma delas.

O caráter mais geral que distingue as *vozes* não é aquele que se extrai de seu timbre ou de sua extensão, mas do grau que ocupa essa extensão no sistema geral dos sons.

Portanto, geralmente distinguimos as *vozes* em duas classes, a saber: as *vozes* agudas e as *vozes* graves. A diferença comum entre ambas é mais ou menos de uma oitava; o que faz com que as *vozes* agudas cantem realmente à distância de uma oitava das *vozes* graves, quando parecem cantar em uníssono.

As *vozes* graves são as mais comuns nos homens-feitos; as *vozes* agudas são aquelas das mulheres; os eunucos e as crianças também têm mais ou menos o mesmo diapasão de *voz* que as mulheres; dele todos os homens podem mesmo se aproximar, cantando em falsete. Mas de todas as vozes agudas, apesar da prevenção dos italianos contra os *castrati*, deve-se convir que delas não há espécie comparável àquela das mulheres, nem quanto à extensão nem quanto à beleza do timbre. A *voz* das crianças tem pouca consistência e não tem grave; aquela dos eunucos, pelo contrário, só tem brilho no agudo; e o falsete é o mais desagradável de todos os timbres da *voz* humana: para concordar com isso, basta escutar, em Paris, os coros do *Concert Spirituel* e comparar os seus sopranos com aqueles da ópera.

Todos esses diferentes diapasões, reunidos e ordenados, formam uma extensão geral de mais ou menos três oitavas, que dividimos em quatro partes, das quais três, chamadas de *contralto*, *tenor* e *baixo*, pertencem às *vozes* graves; e somente a quarta, que chamamos de *soprano*, é atribuída às *vozes* agudas. Aqui se apresentam algumas observações sobre esse assunto:

*Jean-Jacques Rousseau*

I. Segundo a extensão das *vozes* comuns, que podemos fixar mais ou menos em uma décima maior, colocando dois graus de intervalo entre cada espécie de *voz* e aquela que a segue, no que consiste toda a diferença que a elas podemos atribuir, o sistema geral das *vozes* humanas, nos dois sexos, que fazemos ultrapassar três oitavas, só deveria compreender duas oitavas e dois tons. Com efeito, a essa extensão limitavam-se as quatro partes da música, muito tempo depois da invenção do contraponto, como vemos nas composições do século XIV, nas quais a mesma clave, em quatro posições sucessivas, de linha em linha, serve para o baixo, que era chamado de *tenor*; para o tenor, que era chamado de *contratenor*; para o contralto, que era chamado de *mottetus*; e para o soprano, que era chamado de *triplum*. Na verdade, essa distribuição devia tornar a composição mais difícil; mas, ao mesmo tempo, devia fazer com que a harmonia fosse mais densa e agradável.

II. Para ampliar o sistema vocal à extensão de três oitavas com a gradação sobre a qual acabo de falar, seriam necessárias seis partes em vez de quatro; e nada seria mais natural que essa divisão: não com referência à harmonia, que não comporta tantos sons diferentes, mas com referência às *vozes* que são atualmente muito mal distribuídas. Com efeito, por que três partes nas *vozes* masculinas e somente uma nas *vozes* femininas, se a totalidade destas últimas compreende uma extensão tão grande como a totalidade das outras? Comparemos o intervalo dos sons mais agudos das *vozes* femininas mais agudas com os sons mais graves das *vozes* femininas mais graves; façamos a mesma coisa com as *vozes* masculinas; e não somente não encontraremos uma diferença suficiente para estabelecer três partes de um lado e apenas uma de outro, mas essa mesma diferença, se

*Dicionário de música*

é que existe alguma, reduzir-se-á a quase nada. Para julgar esse assunto com sensatez, é preciso não se limitar ao exame das coisas tais como são, mas ver ainda o que elas poderiam ser; e considerar que o uso contribui muito para formar as *vozes* com o caráter que a elas queremos atribuir. Na França, onde demandamos baixos, contraltos, e onde fazemos pouco-caso dos barítonos, as *vozes* masculinas assumem diferentes caracteres e, destes, as *vozes* femininas conservam apenas um. Mas na Itália, onde se tem tanto apreço por um belo barítono quanto pela *voz* mais aguda, entre as mulheres encontram-se belíssimas *vozes* graves, que eles chamam de *contr'alti*, e belíssimas *vozes* agudas, que eles chamam de *soprani*; entre as *vozes* masculinas recitantes, pelo contrário, eles só possuem *tenori*; de modo que, se há somente um caráter de *voz* feminina em nossas óperas, nas deles há somente um caráter de *voz* masculina.

No que se refere aos coros, se tanto na Itália como na França as suas partes geralmente são distribuídas, trata-se de uma prática universal, mas arbitrária, que não possui fundamento natural. Além disso, em muitos lugares, e particularmente em Veneza, não admiramos belíssimas músicas para grande coro, executadas unicamente por meninas?

III. O maior afastamento das *vozes* entre si, que faz com que todas excedam a sua pauta, frequentemente implica a subdivisão de várias delas. É assim que dividimos os baixos em baixos profundos e baixos cantantes; os tenores, em contratenores e barítonos; os sopranos, em primeiros e segundos; mas em tudo isto não percebemos nada fixo, nada regrado por algum princípio. O espírito geral dos compositores franceses é sempre o de forçar as *vozes* para fazê-las gritar mais que cantar; por isso que, atualmente, parece que nos limitamos aos baixos e contraltos, que estão nos dois extremos. No que se refere ao tenor, parte tão natural ao homem que a chamamos de *voz humana* por excelência, já foi banido de nossas óperas, nas quais não queremos nada que seja natural; e, pela mesma razão, ele não tardará a ser banido de toda a música francesa.

Distinguimos ainda as *vozes* por muitas outras diferenças que aquelas do grave ao agudo. Há *vozes* fortes cujos sons são fortes e ruidosos; *vozes* doces cujos sons são doces e aflautados; grandes *vozes* que têm muita extensão; belas *vozes* cujos sons são plenos, justos e harmoniosos; há também os opostos de tudo isto. Há *vozes* duras e pesadas; há *vozes* flexíveis e ligeiras; há aquelas cujos belos sons são distribuídos desigualmente: em algumas, acima; em outras, no *medium*; em outras, abaixo; há também *vozes* iguais, que fazem com que se perceba o mesmo timbre em toda a sua extensão. Ao compositor cabe tirar partido de cada *voz* por meio daquilo que seu caráter tem de mais vantajoso. Na Itália, onde toda vez que uma ópera é apresentada no teatro a música é sempre nova, os compositores sempre têm uma grande preocupação de adequar todos os papéis às *vozes* que devem cantá-los. Mas na França, onde a mesma música dura séculos, é preciso que cada papel sempre sirva a todas as *vozes* de mesma espécie; e talvez essa seja uma das razões pelas quais o canto francês, longe de adquirir alguma perfeição, torna-se a cada dia mais arrastado e carregado.

A *voz* mais extensa, a mais flexível, a mais doce, a mais harmoniosa que talvez jamais tenha existido parece ter sido a do cavaleiro Balthasar Ferri, um *perugino* do último século. Cantor incomparável e prodigioso, cuja presença os soberanos da Europa disputavam sucessivamente, que foi cumulado de bens e de honras durante a sua vida e do qual todas as Musas da Itá-

*Dicionário de música*

lia celebraram à porfia os talentos e a glória após sua morte. Todos os escritos produzidos em louvor a esse músico célebre respiram arrebatamento, entusiasmo; e o consenso entre todos os seus contemporâneos mostra que um talento tão perfeito e tão raro se encontrava mesmo acima da inveja. Nada, dizem eles, pode exprimir o brilho de sua *voz* nem os charmes de seu canto; ele tinha todos os caracteres de perfeição, no mais alto grau, em todos os gêneros; ele era alegre, altivo, austero, terno sem restrições; e os corações se enterneciam ao seu pateticismo. Entre a infinidade de proezas que ele fazia por meio de sua *voz*, citarei apenas uma. De um fôlego, ele subia e descia duas oitavas inteiras por meio de um trinado contínuo marcado sobre todos os graus cromáticos com tamanha precisão, ainda que sem acompanhamento, que, se alguém atacasse bruscamente esse acompanhamento sob a nota em que ele se encontrava, quer fosse bemol, quer sustenido, sentia-se imediatamente a conformidade que, de tão precisa, chegava a surpreender todos os ouvintes.

Também chamamos de *voz* as partes vocais e recitantes para as quais uma peça de música é composta; assim, diz-se um moteto para *voz* solo, em vez de dizer um moteto recitado; uma cantata a duas *vozes*, em vez de dizer uma cantata em duo ou a duas partes etc. (Ver DUO, TRIO etc.)

*Anexo*
*Pranchas do* Dicionário
de música *de Rousseau*

# Dicionário de música

*Jean-Jacques Rousseau*

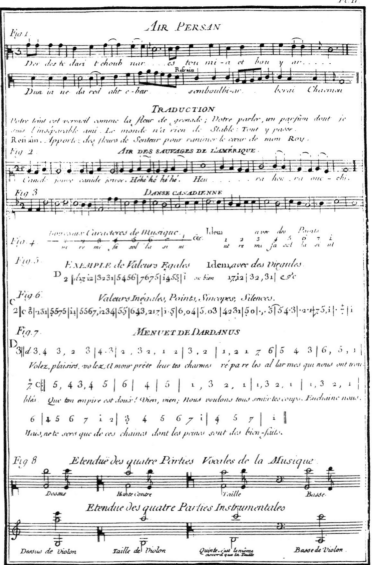

MUSIQUE

# Dicionário de música

MUSIQUE.

# Jean-Jacques Rousseau

*Pl. X*

**Fig. 1.**

## NOTES DE L'ANCIENNE MUSIQUE GRECQUE.

### Genre Diatonique , Mode Lydien

*N.B. La première note est pour la Musique vocale, la seconde pour l'instrumentale.*

| Noms Modernes. | Noms anciens. | Notes. | | Explication. |
|---|---|---|---|---|
| La | Proslambanomené | 7 | ⊢ | Zeta imparfait, et Tau couché. |
| Si | Hypaté hypaton | ⅂ | Γ | Gamma à rebours, et Gamma droit. |
| Ut | Par hypaté hypaton | Ρ | L | Beta imparfait, et Gamma renversé. |
| Re | Hypaton Diatonos | Φ | Ⅎ | Phi, et Digamma. |
| Mi | Hypaté meson | C | C | Sigma, et Sigma. |
| Fa | Par hypaté meson | P | ◡ | Rho, et Sigma couché. |
| Sol | Meson Diatonos | M | 'Ι | Mu, et Pi prolongé. |
| La | Mesé | Ι | ⟨ | Iota, et Lambda couché. |
| Si ♭ | Trité Synnemenon | Θ | V | Theta, et Lambda renversé. |
| Si ♮ | Paramesé | Z | Ⱶ | Zeta, et Pi couché. |
| • Ut | Synnemenon Diatonos | Γ | N | Gamma, et Nu. |
| + Re | Neté Synnemenon | U | Z | Omega renversé, et Zeta. |
| • Ut | Trité Diezeugmenon | E | ⅃ | Epsilon, et Pi renversé et prolongé. |
| + Re | Diezeugmenon Diatonos | comme la | | Neté Synnemenon, qui est la même corde. |
| Mi | Neté Diezeugmenon | ⦵ | η | Phi couché, et Eta courant prolongé. |
| Fa | Trité hyperboléon | J. | ⼁ | Upsilon renversé, et Alpha tronqué à droite. |
| Sol | Hyperboléon Diatonos | M | 'Ι | Mu, et Pi prolongé, surmonté d'un accent. |
| La | Neté hyperboléon | Ι | ⟨ | Iota, et Lambda couché, surmonté d'un accent. |

### Remarques.

*Quoique la Corde Diatonos du Tétracorde Synnemenon et la Trité du Tétracorde Diezeug-menon aient des notes différentes, elles ne sont que la même corde ou deux cordes à l'unisson. Il en est de même des deux cordes Neté Synnemenon et Diezeugmenon Diatonos; aussi ces deux se portent-elles les mêmes notes. Il faut remarquer aussi que la Mesé et la Neté hyperboléon portent la même note pour le vocal, quoiqu'elles soient à l'octave l'une de l'autre; apparemment qu'on avoit dans la pratique quelqu'autre moyen de les distinguer.*
*Les curieux qui voudront connoître les notes de tous les Genres et de tous les Modes pourront consulter dans Meibomius, les Tables d'Alypius et de Bacchius.*

**Fig. 2.**

### HYMNE DE St. JEAN.

*Telle qu'elle se chantoit anciennement. Tirée d'un M.S. de Sens.*

Ut que ant la xis Resona re fi bris , Mi-ra gesto rum Famu-li tu - o rum,

Sol ve pollu ti La bi - i re - a tum , Sancte Jo-an-nes.

## MUSIQUE.

# Dicionário de música

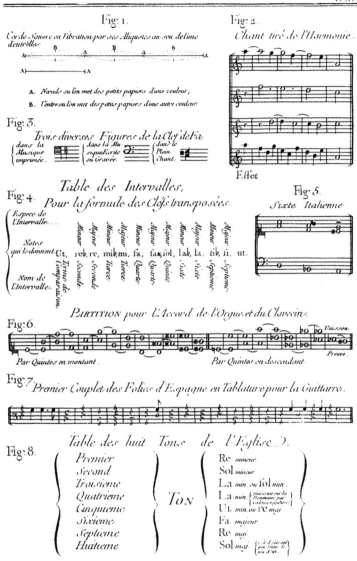

MUSIQUE.

# Posfácio
## Rousseau e a música,
## ou a tessitura das paixões

Lendo estes verbetes do *Dicionário de música* tão cuidadosamente traduzidos por Fabio Stieltjes Yasoshima, o leitor talvez tenha dificuldade em reconhecer neles o filósofo mais polêmico de sua época, cultivador de paradoxos, denunciador da civilização. No entanto, uma das muitas virtudes de Rousseau como escritor é a facilidade com que ele cultiva diferentes registros, adequando-se perfeitamente às exigências estilísticas de cada um deles. Esse respeito pela regra clássica do decoro não se confunde com uma deferência pela retórica enquanto tal. Rousseau tem, como mostrou Bento Prado Jr.,[1] uma retórica que é sua e se volta em alguma medida contra a disciplina clássica. Mais precisamente: que ignora de maneira deliberada a hierarquia dos gêneros, subverte-a estrategicamente, e que, com isso, submete a arte de escrever à exigência da expressão fidedigna dos mais nobres sentimentos humanos, cuja gama nem de longe poderia ser abarcada pelos gêneros elevados, com

---

1 Bento Prado Jr., *A retórica de Rousseau*. 2.ed. São Paulo: Editora Unesp, 2018.

tanto afinco cultivados durante o século de Luís XIV. Nesse sentido, pode-se dizer que, se Voltaire foi de fato o herdeiro ilustrado de Corneille e Racine, de Pascal e Malebranche, coube a Rousseau ir além deles, partindo, no entanto, de seu exemplo. A propósito dessa discussão, costumam ser evocados os grandes e inclassificáveis tomos do *Emílio* e da *Nova Heloísa*, ou então peças mais curtas, como o segundo *Discurso* ou a *Carta a d'Alembert*. E, sem dúvida, tais são os exemplos consumados da arte de Rousseau. Arte de virtuose, que supera o classicismo, mas que, ao fazê-lo, não ignora que em todo texto filosófico o pensamento é indissociável da linguagem, malgrado os abismos que separam o espírito e a letra quando se trata da reflexão em sua potência mais elevada.[2]

Em meio a nossa admiração por essas obras-primas, quase nos esquecemos de que Rousseau foi um argumentador exímio, um mestre não apenas do paradoxo e da sofística, como também do uso da definição ou da demonstração, como mostram, de resto, as páginas do *Contrato social*. Raciocinador arguto, sabia que para denunciar seu tempo era preciso elevar-se à altura dele e ser tão robusto quanto seus pares. Musicólogo tarimbado, teve divergências profundas com Rameau no terreno da teoria harmônica, exprimindo-as em uma série de panfletos de contundência variada e, de maneira menos ácida, nas centenas de verbetes com que contribuiu para a *Enciclopédia* – remanejados na obra mais extensa que nos interessa aqui, o *Dicionário de música*. A ideia de que Rousseau daria um bom dicionarista

---

2 Ver a respeito Rubens Rodrigues Torres Filho, "Nota sobre Fichte leitor", seguido de Fichte, "Verificação sobre as afirmações de Rousseau". Revista *Discurso*, v. 1 (1970).

*Dicionário de música*

pode parecer inusitada à primeira vista, mas não demoramos a nos convencer, na leitura, de que ele não apenas soube dar conta das exigências desse gênero de obra, como foi além, e, num caminho paralelo ao trilhado por Diderot em sua empreitada enciclopédica,[3] alçou a escrita de verbetes à condição de uma arte, que poderíamos encontrar a meio caminho entre o aforisma cultivado pelos moralistas do Grande Século francês e o ensaio que viria a adquirir na Inglaterra do século XIX sua expressão mais consumada. Ora muito breves, ora mais longos, outras vezes quase dissertativos, os verbetes de Rousseau para o *Dicionário de música* são um deleite mesmo para o leitor que ignora os meandros da teoria musical (como, aliás, é o meu caso). A começar pela variedade de extensão, característica aparentemente formal, mas que imprime à leitura sucessiva um ritmo e uma escansão muito próprios. É um efeito curioso, acentuado pela hábil seleção de Yasoshima, que nos convida a ler este dicionário à maneira de uma coletânea de textos e não de um livro de consulta a ser restituído à estante uma vez tenha sido solucionada a dúvida que dali o retirou.

Outro grande prazer vem da sensação de pressentir o momento em que a prosa do musicista será subitamente invadida pelo espírito filosófico. É um fenômeno recorrente, que dá colorido ao *Dicionário*. Quanto a isso, a abordagem de Rousseau não poderia ser mais distinta do que aquela de Rameau, que, eu imagino, deve ter se sentido muito irritado por polemizar com um teórico que insistia em falar sobre temas não musicais

---

3 Ver a respeito Franklin de Mattos, "Filosofia em forma de dicionário", in: *O filósofo e o comediante. Ensaios sobre literatura e filosofia na Ilustração*. Belo Horizonte: Editora UFMG, 2001, p.125-32.

para explicar a música, quando o mais correto seria tratá-la teoricamente, como uma estrutura matemática. Assim, no verbete "Ópera", por exemplo, Rousseau começa sem surpresas, com uma definição do gênero; mas, quando passa à sua divisão, a oferece em uma curta frase, e acrescenta: "por meio da poesia fala-se ao espírito, por meio da música, ao ouvido, por meio da pintura, aos olhos; e o todo deve reunir-se para comover o coração e até ele levar, a um só tempo, a mesma impressão, por intermédio de diversos órgãos". De súbito, encontramo-nos no território de uma teoria da sensação, fortemente tingida por preocupações morais e que não demora a nos conduzir a uma complexa reconsideração das fronteiras que os teóricos da arte costumam atribuir à separação entre a "natureza" e as "belas-artes". Feito isso, Rousseau passa a uma teoria das línguas, consideradas pela via das inflexões tonais... Tudo isso, e não adentramos as considerações sobre a encenação operística e suas relações com a cena teatral propriamente dita.

Haveria boas razões para preferir um verbete mais analítico. Mas então perderíamos a ideia da complexidade da ópera como gênero da arte, tal como ela nos é transmitida à maneira peculiar de Rousseau. E, antes que nos apressemos em ver aí uma dicotomia entre o científico e o literário, o filósofo insere, a certa altura, um lembrete, fazendo notar que "a energia de todos os sentimentos e a violência de todas as paixões são, portanto, o objeto principal do drama lírico; e a ilusão que faz o seu encanto é sempre destruída, assim que o autor e o ator abandonam por um momento o espectador a si mesmo". Asserção taxativa, que não deixa dúvida de que o objetivo da prosa de Rousseau, não importa o gênero, é sempre a persuasão. Sinal de que a retórica se encontra submetida às exigências

*Dicionário de música*

da filosofia, que são morais e dizem respeito a uma esfera de consideração que extrapola a arte de escrever e dita o seu valor. Quanto à música, ela será, doravante, o modelo da escrita – tentativa última da parte de Rousseau de reatar com as origens da palavra numa expressão musical que precedeu a linguagem e condicionou-a antes de sua queda com a invenção da escrita.

*Pedro Paulo Pimenta*
Universidade de São Paulo, fevereiro de 2021

## SOBRE O LIVRO

*Formato*: 14 x 21 cm
*Mancha*: 23 x 44 paicas
*Tipologia*: Venetian 301 12,5/16
*Papel*: Off-white 80 g/m² (miolo)
Cartão Supremo 250 g/m² (capa)
*1ª edição Editora Unesp*: 2021

## EQUIPE DE REALIZAÇÃO

*Edição de texto*
Marcelo Porto (Copidesque)
Carmen T. S. Costa (Revisão)

*Capa*
Vicente Pimenta

*Editoração eletrônica*
Eduardo Seiji Seki

*Assistência editorial*
Alberto Bononi
Gabriel Joppert

# Coleção Clássicos

*A arte de roubar: Explicada em benefício dos que não são ladrões*
D. Dimas Camándula

*A construção do mundo histórico nas ciências humanas*
Wilhelm Dilthey

*A escola da infância*
Jan Amos Comenius

*A evolução criadora*
Henri Bergson

*A fábula das abelhas: ou vícios privados, benefícios públicos*
Bernard Mandeville

*Cartas de Claudio Monteverdi: (1601-1643)*
Claudio Monteverdi

*Cartas escritas da montanha*
Jean-Jacques Rousseau

*Categorias*
Aristóteles

*Ciência e fé – 2ª edição: Cartas de Galileu sobre o acordo
do sistema copernicano com a Bíblia*
Galileu Galilei

*Cinco memórias sobre a instrução pública*
Condorcet

*Começo conjectural da história humana*
Immanuel Kant

*Contra os astrólogos*
Sexto Empírico

*Contra os gramáticos*
Sexto Empírico

*Contra os retóricos*
Sexto Empírico

*Conversações com Goethe nos últimos anos de sua vida: 1823-1832*
Johann Peter Eckermann

*Da Alemanha*
Madame de Staël

*Da Interpretação*
Aristóteles

*Da palavra: Livro I – Suma da tradição*
Bhartrhari

*Dao De Jing: Escritura do Caminho e Escritura da Virtude
com os comentários do Senhor às Margens do Rio*
Laozi

*De minha vida: Poesia e verdade*
Johann Wolfgang von Goethe

*Diálogo ciceroniano*
Erasmo de Roterdã

*Discurso do método & Ensaios*
René Descartes

*Draft A do Ensaio sobre o entendimento humano*
John Locke

*Enciclopédia, ou Dicionário razoado das ciências, das artes e dos ofícios -*
*Vol. 1:*
*Discurso preliminar e outros textos*
Denis Diderot, Jean le Rond d'Alembert

*Enciclopédia, ou Dicionário razoado das ciências, das artes e dos ofícios -*
*Vol. 2:*
*O sistema dos conhecimentos*
Denis Diderot, Jean le Rond d'Alembert

*Enciclopédia, ou Dicionário razoado das ciências, das artes e dos ofícios -*
*Vol. 3:*
*Ciências da natureza*
Denis Diderot, Jean le Rond d'Alembert

*Enciclopédia, ou Dicionário razoado das ciências, das artes e dos ofícios -*
*Vol. 4: Política*
Denis Diderot, Jean le Rond d'Alembert

*Enciclopédia, ou Dicionário razoado das ciências, das artes e dos ofícios -*
*Vol. 5:*
*Sociedade e artes*
Denis Diderot, Jean le Rond d'Alembert

*Enciclopédia, ou Dicionário razoado das ciências, das artes e dos ofícios -*
*Vol. 6: Metafísica*
Denis Diderot, Jean le Rond d'Alembert

*Ensaio sobre a história da sociedade civil / Instituições de filosofia moral*
Adam Ferguson

*Ensaio sobre a origem dos conhecimentos humanos / Arte de escrever*
Étienne Bonnot de Condillac

*Ensaios sobre o ensino em geral e o de Matemática em particular*
Sylvestre-François Lacroix

*Escritos pré-críticos*
Immanuel Kant

*Exercícios (Askhmata)*
Shaftesbury (Anthony Ashley Cooper)

*Filosofia Zoológica*
*Lamarck*

*Fisiocracia: Textos selecionados*
François Quesnay, Victor Riqueti de Mirabeau, Nicolas
Badeau, Pierre-Paul Le Mercier de la Rivière, Pierre Samuel
Dupont de Nemours

*Fragmentos sobre poesia e literatura (1797-1803) / Conversa sobre poesia*
Friedrich Schlegel

*Hinos homéricos: Tradução, notas e estudo*
Wilson A. Ribeiro Jr. (Org.)

*História da Inglaterra — 2ª edição: Da invasão de Júlio César à Revolução*
*de 1688*
David Hume

*História natural*
Buffon

*História natural da religião*
David Hume

*Investigações sobre o entendimento humano e sobre os princípios da moral*
David Hume

*Lições de ética*
Immanuel Kant

*Lógica para principiantes — 2ª edição*
Pedro Abelardo

*Metafísica do belo*
Arthur Schopenhauer

*Monadologia e sociologia: E outros ensaios*
Gabriel Tarde

*O desespero humano: Doença até a morte*
Søren Kierkegaard

*O mundo como vontade e como representação — Tomo I - 2ª edição*
Arthur Schopenhauer

*O mundo como vontade e como representação — Tomo II*
Arthur Schopenhauer

*O progresso do conhecimento*
Francis Bacon

*O Sobrinho de Rameau*
Denis Diderot

*Obras filosóficas*
George Berkeley

*Os analectos*
Confúcio

*Os elementos*
Euclides

*Os judeus e a vida econômica*
Werner Sombart

*Poesia completa de Yu Xuanji*
Yu Xuanji

*Rubáiyát: Memória de Omar Khayyám*
Omar Khayyám

*Tratado da esfera — 2ª edição*
Johannes de Sacrobosco

*Tratado da natureza humana — 2ª edição: Uma tentativa de introduzir o método experimental de raciocínio nos assuntos morais*
David Hume

*Verbetes políticos da Enciclopédia*
Denis Diderot, Jean le Rond d'Alembert

IMPRESSÃO E ACABAMENTO
Hawaií Gráfica e Editora